Annette Langen & Constanza Droop

Hölker Verlag

INHALTSVERZEICHNIS

SALATE

SUPPEN

HAUPTGERICHTE

DESSERTS UND SÜẞES

SNACKS UND GETRÄNKE

KUCHEN UND GEBÄCK

HALLO,

SCHÖN, DASS DU DA BIST! VERRÄTST DU MIR, WELCHES DEIN LIEBLINGSESSEN IST?

Felix, der reiselustige Kuschelhase von Sophie, hatte gleich zwei:
Am liebsten aß er Spaghetti ohne Soße oder Möhrenrösti. Doch dann ging Felix auf Reisen und probierte in aller Welt lauter leckere Gerichte. Von A wie Ananaspfanne bis Z wie Zimtzucker. Alle haben ihm so gut geschmeckt, dass er Lieblingsrezepte von Zuhause und aus aller Welt aufgeschrieben hat. Sie sind echt familienerprobt und lassen sich einfach nachkochen oder -backen.

Wusstest du schon, dass viele Speisen und Gerichte, die bei uns auf den Tisch kommen, eigentlich aus anderen Ländern stammen?
Die Hamburger und auch die Kaugummis kommen aus den Vereinigten Staaten von Amerika.

Die Nachos erfanden die Mexikaner.

Das Baguette, das fast so lang ist wie ein Besenstiel, stammt aus Frankreich.

Die Nudeln wurden vermutlich mehr oder weniger gleichzeitig an verschiedenen Orten erfunden. Die allerersten Nudeln haben jedenfalls nicht die Italiener, sondern die Chinesen gegessen. Das weiß man aus archäologischen Funden.

Apfelsinen und Pampelmusen werden aus Israel eingeflogen. Bananen und Mangos wachsen in den Tropen.

Schokolade wird aus Kakaobohnen hergestellt, die an Kakaobäumen in Mittelamerika und vielen anderen tropischen Ländern wachsen. In Japan und China wird der meiste Reis angebaut!

In diesem Kochbuch hat Felix alle Rezepte aufgeschrieben, die er auf seiner Reise rund um die Welt entdeckt hat. Natürlich sind auch seine liebsten Gerichte von Zuhause dabei! Wer weiß, vielleicht findest du ja auch ein neues Lieblingsrezept?

WILLST DU NUN SOFORT IN DER KÜCHE LOSLEGEN?

- Lass dir als Erstes die Kleine Checkliste für Kochprofis auf S. 8/9 vorlesen.
- Auf S. 10/11 findest du Felix' beste Tipps.
- Finde auf S. 12/13 heraus, wie die verschiedenen Küchengeräte heißen.

Sophie darf nun aussuchen, was es morgen zu essen gibt. Dazu schließt sie ihre Augen, Mama oder Papa drehen sie im Kreis und dann tippt Sophie irgendwo auf die große Weltkarte. Von dort gibt es dann ein Gericht. Und was ist, wenn Sophie ins Meer tippt? Davon gibt es ja ziemlich viel auf der Erde. Dann sagt Sophies Familie vor dem Essen diesen Tischspruch auf:

„Große und kleine Fische,
schwimmen jetzt zu Tische,
reichen sich die Flossen,
nun wird schnell beschlossen,
jetzt nicht mehr zu blubbern,
stattdessen was zu futtern,
drum rufen alle mit:

Guten Appetit!"

HAB VIEL SPAß
BEIM KOCHEN UND BACKEN
UND GUTEN APPETIT!

FELIX

KLEINE CHECKLISTE FÜR KOCHPROFIS (UND ALLE, DIE ES NOCH WERDEN WOLLEN!)

BEVOR ES LOSGEHT:

- Zuerst das Rezept genau durchlesen.
- Fehlende Zutaten auf einen Einkaufszettel schreiben und besorgen.
- Alle benötigten Zutaten auf der Arbeitsplatte bereitstellen.
- Hände waschen und Schürze umbinden ...

SICHER IST SICHER!

In der Küche musst du aufpassen. Besonders hier:

- Vorsicht bei heißen Ofentüren, Topf- und Pfannendeckeln. Und wie soll man die nun anfassen, ohne sich die Pfoten und Hände zu verbrennen? Keine Sorge, speziell dafür wurden die Topfhandschuhe und Topflappen erfunden!
- In der Pfanne sieht es ganz harmlos aus, es kann aber gemein spritzen: heißes Öl! Damit kann man gar nicht vorsichtig genug sein.
- Wenn Wasser in einem Topf blubbert und es Blasen gibt, dann kocht es. Und kochendes Wasser ist auch kochend heiß – also: Vorsichtig sein und Topfhandschuhe benutzen!
- Wenn du NICHT aussehen willst wie eine Mumie, dann gut aufpassen, wenn du scharfe Messer, den Sparschäler oder die Reibe benutzt!

WÄHREND DES KOCHENS:

- Kochen und Backen ist wirklich einfach. Wenn das Rezept Schritt für Schritt befolgt wird, dann klappt es garantiert!
- Lass dir von deinen Eltern erklären, wie der Herd funktioniert, und nicht vergessen, ihn nach der Benutzung auszuschalten.
- Und bloß immer einen Messbecher und die Küchenwaage benutzen! Die Mengenangaben und die Koch- bzw. Backzeiten, die im Rezept stehen, genau einhalten. Sonst hast du solche Berge gekocht, dass du eine Fußballmannschaft zum Essen einladen musst!

ABKÜRZUNGEN UND MENGENANGABEN:

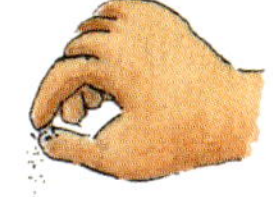

Prise: Das ist so viel, wie zwischen deinen Daumen und Zeigefinger passt.

Messerspitze: Du ahnst es schon, oder?
Richtig, so viel, wie auf eine Messerspitze passt.

Dann gibt es noch **TL und EL** – damit ist die Menge gemeint, die auf einem Tee- oder Esslöffel Platz hat.

Wasser, Milch und alle anderen Flüssigkeiten werden in **Litern (= l)** oder **Millilitern (= ml)** gemessen.
Beim Abmessen hilft dir ein Messbecher.
Darauf siehst du viele kleine Striche und diese Zahlen:
1 l = 1000 ml, 1/2 l = 500 ml, 1/4 l = 250 ml, 1/8 l = 125 ml.

Alle anderen Zutaten, egal ob es nun Ananas oder Zucker ist, werden in **Kilogramm (= kg)** oder in **Gramm (= g)** abgewogen. Bestimmt hast du dein Gewicht schon auf einer Waage in Kilogramm gemessen? Für Zutaten geht das genauso, dafür gibt es eine Küchenwaage. Auch mit dem Messbecher kannst du Mengen abwiegen. Oben am Rand stehen die Angaben wie Zucker, Mehl, Reis, darunter sind die dazu gehörigen Striche und Zahlen.

Zum Schluss musst du nur noch wissen, dass es **Zentimeter (= cm)** und **Millimeter (= mm)** gibt. Das ist ein Zentimeter, darin haben 10 Millimeter Platz.

Alle Rezepte in diesem Buch sind für vier Personen berechnet, wenn nichts anderes angegeben ist.

Vergiss nicht, mit deinen Eltern zu besprechen, was du in der Küche vorhast, und wann. Und denke auch an das Aufräumen!

Achtung: Im Kühlschrank und besonders im Tiefkühlfach herrschen fast solche eisigen Temperaturen wie am Nordpol! Nimm die benötigten Lebensmittel daher schnell heraus und schließe die Kühlschranktür dann sofort wieder.

HILFE, WIE GEHT DAS?

WIE WERDEN EIER AUFGESCHLAGEN?

Das Ei am Schüsselrand anschlagen, vorsichtig in zwei Hälften brechen und den Inhalt in die Schüssel gleiten lassen.

WIE TRENNT MAN EIGELB UND EIWEIß?

Das Ei am Schüsselrand anschlagen und vorsichtig in zwei Hälften brechen. Das Eigelb von einer Schalenhälfte in die andere kippen, das Eiweiß dabei in die Schüssel gleiten lassen.

WIE WIRD AUS EINEM ZERBRECHLICHEN EI BLOß EIN HARTES?

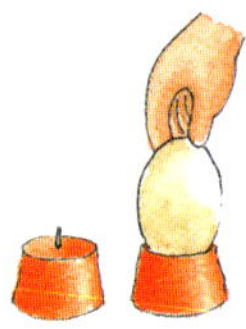

Mit dem Eierstecher ein kleines Loch unten in das Ei piksen.

Kaltes Wasser in einen Topf füllen und das Ei hineingeben. Wenn das Wasser kocht, das Ei noch 8 Minuten mitkochen lassen. Mit einem Schöpflöffel herausnehmen und unter kaltem Wasser abschrecken. (Einfacher geht's mit dem Eierkocher!)

WIE KOMMEN DIE SPAGHETTI WIEDER AUS DEM WASSER HERAUS?

Ein Sieb in die Spüle stellen und die Spaghetti aus dem Topf in das Sieb gießen (Vorsicht, heiß: Topfhandschuhe anziehen!), sodass das Wasser abfließen kann. Mit Reis und Kartoffeln genauso machen.

WIE WIRD EINE ANANAS ZERTEILT?

Auf seinen Reisen hat Felix entdeckt, dass Ananas gar nicht in Dosen, sondern an solchen Stauden wachsen.

Zuerst die beiden Enden der Ananas abschneiden und die Ananas dann in Scheiben schneiden. Dabei von deinen Eltern helfen lassen! Danach die Ananasscheiben schälen, den harten Strunk aus der Mitte herausschneiden und zum Schluss die Ananasringe in Stücke schneiden.

WIE SCHNEIDET MAN MELONEN AUF?

Es gibt viele verschiedene Melonenarten. Egal, ob grüne Wassermelone oder gelbe Honigmelone: zunächst in zwei Hälften schneiden. Dabei von deinen Eltern helfen lassen! Bei einer Honigmelone können nun leicht die Kerne mit einem Löffel herausgehoben werden. Die Melone dann vierteln und in noch schmalere Spalten schneiden. Bei einer Wassermelone jetzt die Kerne mit einer Gabel aus dem Fruchtfleisch entfernen. (Sie können aber auch mitgegessen werden!) Die Melonenspalten schälen und in kleine Stücke schneiden.

WIE KOMMT DER SALAT IN DIE SCHÜSSEL?

Zuerst wollte Felix den ganzen Salatkopf in die Schüssel stecken und die Soße darübergießen. Zum Glück wusste Sophie, dass **1.** die harten äußeren Blätter und der Strunk vom Salatkopf entfernt werden, **2.** die Salatblätter dann kurz unter kaltem Wasser abgebraust werden und in einem Sieb gut abtropfen müssen, bevor man sie **3.** klein reißt und in die Salatschüssel gibt.

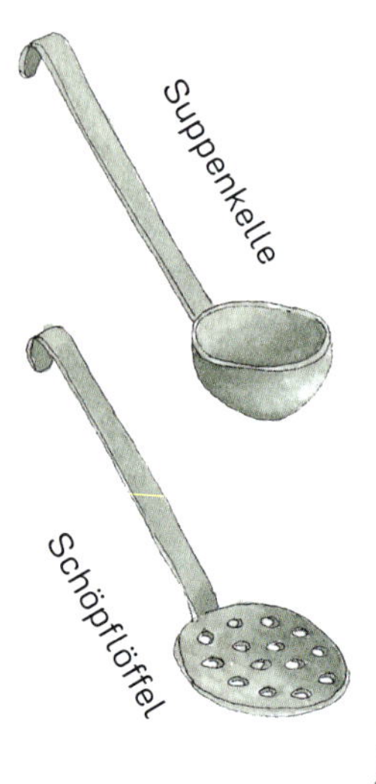
Suppenkelle

Schöpflöffel

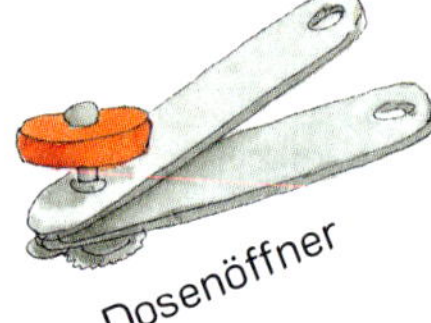
Dosenöffner

Küchenuhr

Mörser

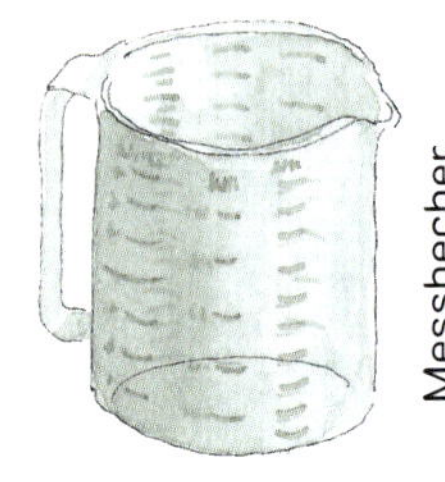
Messbecher

FELIX HAT SICH IN DER KÜCHE UMGESEHEN. WAS BRAUCHT MAN DORT ALLES?

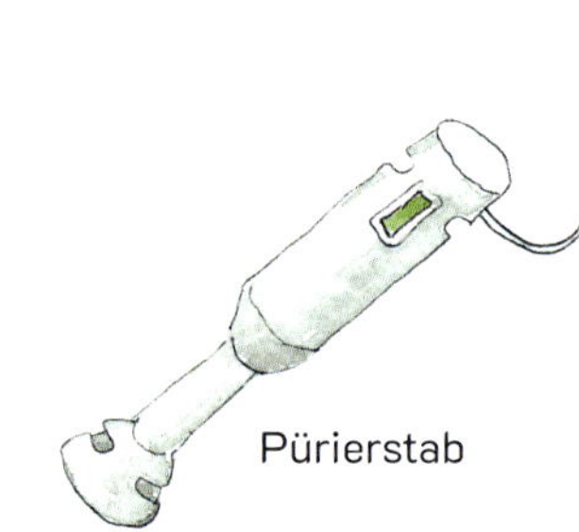
Pürierstab

Rührschüssel

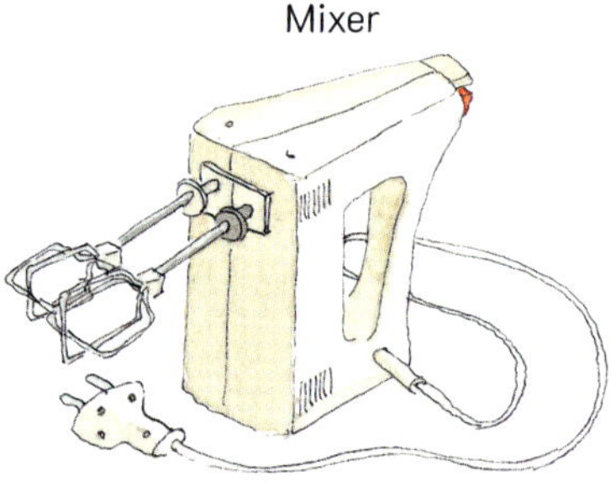
Mixer

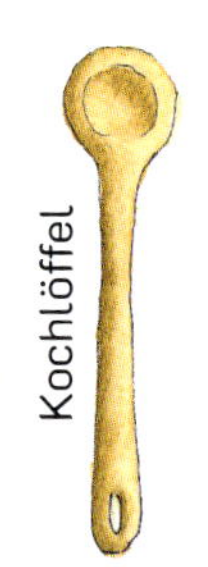
Kochlöffel

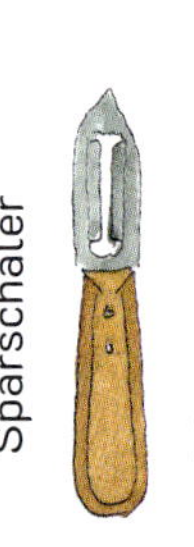
Sparschäler

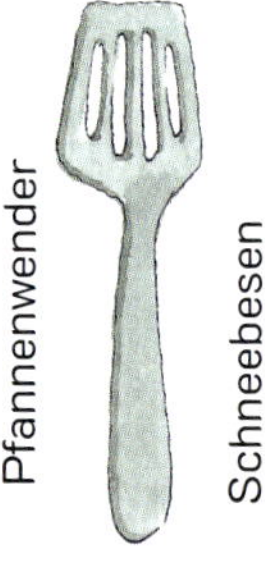
Pfannenwender

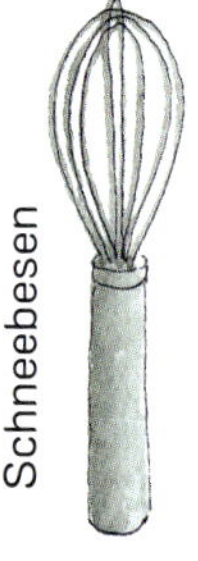
Schneebesen

Backpinsel

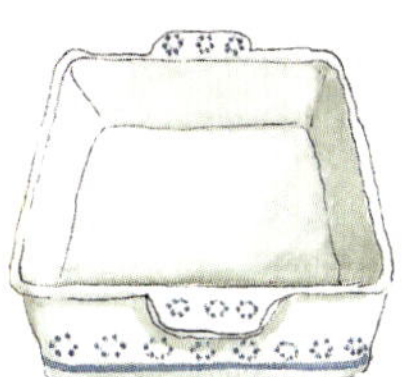

Auflaufform

Küchenmesser

Schneidebrett

Zitruspresse

Springform

Küchenwaage

Teigrolle/Nudelholz

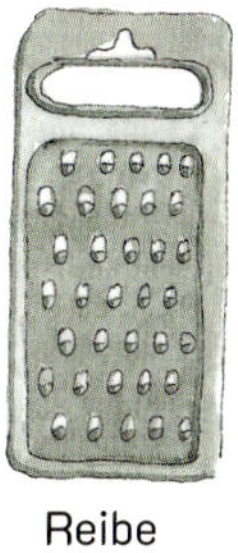

Reibe

Knoblauchpresse

Backblech

Topfhandschuhe

Sieb

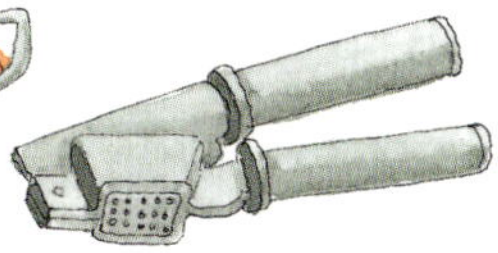

Backpapier

REZEPTE
AUS DEUTSCHLAND

KÜRBISSUPPE

FÜR 8 PORTIONEN BRAUCHST DU:

1 kg Hokkaidokürbis • 1 Zwiebel • 3 EL Butter
2 Knoblauchzehen • 1 l Hühnerbrühe • etwas Salz • 1 Becher (200 g) Sahne
1 Messerspitze gemahlene Muskatnuss • etwas gehackte Petersilie

So wird's gemacht:

1. Die Schale vom Hokkaidokürbis ist ganz schön hart, also lass dir von deinen Eltern helfen. Mit einem großen Messer den Kürbis vierteln, von den Kernen befreien und in Würfel schneiden.

2. Die Zwiebel schälen und in kleine Würfel schneiden. Die Butter in einen großen Topf geben und bei kleiner Hitze schmelzen lassen. Wenn sie flüssig ist, kommen die Zwiebelwürfel in den Topf. Die Knoblauchzehen schälen, durch eine Knoblauchpresse drücken und zu den Zwiebelwürfeln in den Topf geben. Wenn die Zwiebelwürfel goldgelb sind, kommen die Kürbiswürfel hinzu. Kurz anbraten lassen und dabei hin und wieder mit einem Kochlöffel umrühren.

3. Als Nächstes die Hühnerbrühe zugießen, bis die Kürbisstücke bedeckt sind. Nun die Suppe mit Salz würzen und sie 20 Minuten leicht kochen lassen. Das Umrühren nicht vergessen.

4. Wenn die Kürbiswürfel weich sind, die Suppe mit einem Pürierstab (oder mit einem Kartoffelstampfer – Vorsicht: Beides spritzt leicht!) pürieren, das heißt: zu einem flüssigen Brei verarbeiten.

5. Dann die Sahne unterrühren, mit Salz und Muskatnuss abschmecken und etwas gehackte Petersilie darauf streuen.

TIPP:

DAZU PASST WARMES BAGUETTE. FÜR EINE MÖHRENSUPPE EINFACH 500 GRAMM MÖHREN STATT KÜRBIS VERWENDEN, WASCHEN, SCHÄLEN UND IN KLEINE STÜCKE SCHNEIDEN. DIE SUPPE DANN WIE BESCHRIEBEN ZUBEREITEN.

Sophies weltbester
OBSTSALAT

FÜR 1 GROẞE SCHÜSSEL BRAUCHST DU:

2 Bananen • 1 Apfel • 1 Handvoll gehackte Haselnüsse
1 Handvoll Kürbis- oder Sonnenblumenkerne • 1 Handvoll Rosinen
dazu frisches Obst der Jahreszeit, und zwar

IM FRÜHJAHR UND SOMMER:

½ Honigmelone • 250 g Erdbeeren • 100 g Johannisbeeren
2 Nektarinen oder Pfirsiche

IM HERBST UND WINTER:

½ Ananas • 1 Birne • 2 Mandarinen • 2 Kiwis • 250 g Weintrauben

FÜR DIE SALATSOẞE BRAUCHST DU:

1 Zitrone • 1 Becher (150 g) Joghurt • 1 TL Honig

So wird's gemacht:

1. Bananen, Mandarinen und Kiwis müssen geschält und in kleine Stücke geschnitten werden! Auf Seite 11 steht, wie man eine Ananas und eine Melone aufschneidet.

2. Das restliche Obst gut waschen und abtropfen lassen. Von Stielansätzen, Kernen und Kerngehäuse befreien, das Obst klein schneiden und in eine Schüssel geben.

3. Die Zitrone auspressen, den Saft in eine kleine Rührschüssel gießen. Joghurt und Honig hinzugeben und mit einem Schneebesen vermischen. Nun die Salatsoße über den Obstsalat gießen und vorsichtig umrühren.

4. Damit der Obstsalat gut durchzieht und schön erfrischend schmeckt, vor dem Servieren abgedeckt für eine halbe Stunde in den Kühlschrank stellen.

SOMMERSALAT
mit Wassermelone

FÜR ETWA 4 PERSONEN BRAUCHST DU:

1 kleine bis mittelgroße Wassermelone (schön gekühlt, aus dem Kühlschrank)
300 g Schafskäse • ½ Bund frische Minze oder Basilikum • 1–2 Limetten
1–2 EL Olivenöl

So wird's gemacht:

1. Einen Erwachsenen die Wassermelone schälen lassen, auf Seite 11 steht, wie man sie am besten aufschneiden kann. Dann von den Kernen befreien, in Würfel schneiden und in eine Salatschüssel geben.

2. Den Schafskäse zerkrümeln und darübergeben.

3. Als Nächstes die Kräuter vorsichtig abbrausen, trocken tupfen, in kleine Stückchen reißen und ebenfalls auf den Salat geben. Nun den Saft der Limetten auspressen, mit dem Olivenöl verrühren und darübergießen. Vorsichtig mischen und gekühlt servieren.

MÖHRENSALAT

à la Mama Moretti

FÜR 4 HUNGRIGE ZIRKUSLEUTE BRAUCHST DU:

800 g Möhren • 2 Apfelsinen • 1 Zitrone • 2 EL Öl
2 TL Zucker • etwas Salz und Pfeffer

So wird's gemacht:

1. Die Möhren waschen, schälen und mit einer Küchenreibe fein raspeln.

2. Dann die Apfelsinen schälen, in kleine Stückchen schneiden und zu den Möhren in die Schüssel geben.

3. Für die Salatsoße den Saft der Zitrone auspressen und mit dem Öl verrühren. Zum Schluss mit Zucker, Salz und Pfeffer abschmecken. Den Salat eine halbe Stunde abgedeckt durchziehen lassen, dann servieren.

DIESES REZEPT HABE ICH VON MEINER REISE MIT DEM ZIRKUS MITGEBRACHT.

FELIX,

STOCKBROTTEIG
(gelingt immer!)

FÜR 8–10 STOCKBROTE BRAUCHST DU:

500 g Mehl • 1 Päckchen Trockenhefe • 2 EL Rapsöl • 1–2 TL Salz

So wird's gemacht:

1. Alle Zutaten in eine große Rührschüssel geben. Den Knethakenaufsatz in den Mixer stecken. 250 ml Wasser im Messbecher bereitstellen. Nun erst ein bisschen Wasser zu den Zutaten in die Schüssel geben und rühren, bis sie sich vermischen. Nach und nach etwas mehr Wasser hinzugeben, bis ein Teigball entstanden ist.

2. Darüber ein sauberes Küchenhandtuch breiten, nun muss der Teig für 30 Minuten ruhen.

3. Dann Streifen abtrennen, als Stockbrote um Stöcke wickeln und über dem Lagerfeuer oder Grill backen. Drehen nicht vergessen, sodass das Stockbrot von allen Seiten gebräunt wird!

TIPP:

NOCH LEICHTER IST ES, WENN MAN JEWEILS EINEN DÜNNEN TEIGFLADEN AUF EINEN KLAPPROST GIBT UND DEN FLADEN ÜBER DEM FEUER VON BEIDEN SEITEN GOLDBRAUN BACKEN LÄSST – ABER VORSICHT, DER TEIG VERBRENNT SCHNELL, WENN ER ZU NAH AM FEUER IST!

GEBURTSTAGSKUCHEN

FÜR 1 KUCHEN BRAUCHST DU:

3 Möhren • 3 Eier • 1 Päckchen Vanillezucker • 150 g Zucker 130 ml Sonnenblumenöl • 230 g Mehl • 1 Päckchen Backpulver 150 g Schokoraspel • 1 Prise Zimt • 50 g gemahlene Haselnüsse

FÜR DIE GLASUR BRAUCHST DU:

200 g Puderzucker • 3 EL Zitronensaft • Schokolinsen zum Verzieren

AUßERDEM BRAUCHST DU:

Gugelhupfform • Backpinsel • etwas Öl zum Einfetten der Form

So wird's gemacht:

1. Den Backofen auf 170 °C vorheizen.

2. Die Möhren mit einem Sparschäler schälen, die Enden abschneiden und mit einer Reibe fein raspeln. (Dabei gut auf die Fingerspitzen aufpassen!)

3. Die Eier aufschlagen (auf Seite 10 steht, wie's geht!), mit Vanillezucker und Zucker in eine Schüssel geben und mit einem Handrührgerät schaumig aufschlagen. Dann das Öl unterschlagen. Mehl mit Backpulver mischen und nach und nach untermengen. Schokoraspel, Möhren und Zimt vorsichtig unterrühren.

4. Jetzt die Kuchenform sorgfältig mit einem Backpinsel mit etwas Öl einfetten und die gemahlenen Haselnüsse in die Form geben. Die Form hochnehmen und rundherum neigen, sodass die Haselnüsse sich verteilen und die gesamte Innenseite der Form bedecken. Die Form über einem Mülleimer oder der Spüle umdrehen und vorsichtig mit der Hand dagegen klopfen, um überschüssige Haselnüsse zu entfernen.

5. Den Teig in die Form geben, auf einem Rost in den vorgeheizten Ofen schieben und etwa 1 Stunde backen. (Vorsicht: Topfhandschuhe verwenden!) Den Stäbchentest machen: einen Zahnstocher hineinpiksen, wenn kein Teig an dem Holzstäbchen hängen bleibt, ist der Kuchen fertig.

6. Für die Glasur den Puderzucker mit dem Zitronensaft vermischen und auf den abgekühlten Kuchen geben. Danach noch mit Schokolinsen verzieren!

EISBERGSALAT

mit Sophies Salatsoße

FÜR 4 PERSONEN BRAUCHST DU:

½ Kopf Eisbergsalat oder einen anderen Blattsalat

FÜR DIE SALATSOßE BRAUCHST DU:

1 Zitrone • 1 Becher (150 g) Joghurt • 1 Dose Mandarinenscheiben • etwas Salz schwarzen Pfeffer • 1 TL Zucker

So wird's gemacht:

1. Auf Seite 11 steht, wie man den Blattsalat wäscht und vorbereitet.

2. Die Zitrone auspressen und den Saft in eine kleine Rührschüssel gießen. Nun den Joghurt zugeben und alles mit einem Schneebesen verrühren.

3. Dann die Dose Mandarinen öffnen, den Saft abgießen und die Mandarinenscheiben zum Joghurt geben. Zum Schluss die Salatsoße noch mit Salz, Pfeffer und Zucker abschmecken. Wichtig: Jetzt nicht mehr wild umrühren, sonst zerfallen die Mandarinen.

4. Den Salat in eine große Schüssel geben und die Salatsoße vorsichtig unterheben.

Omas geheime SALATSOẞE

DAZU BRAUCHST DU:
1 kleine Zwiebel • etwas Schnittlauch • 2 EL Zitronensaft • 2 EL Sahne • 3 EL Salatöl
1 Prise Salz • 1 Prise Zucker

So wird's gemacht:

1. Die Zwiebel schälen und in kleine Würfel schneiden.

2. Den Schnittlauch abbrausen, trocken tupfen, auf ein Brettchen legen und in klitzekleine Röllchen schneiden.

3. In einer Rührschüssel den Zitronensaft, die Sahne und das Öl verrühren. Salz, Zucker, Zwiebel und Schnittlauch hinzugeben.

Omas

ERDBEERMARMELADE

FÜR 4 GLÄSER (À 300 ML) BRAUCHST DU:

1 kg Erdbeeren • 2 Vanilleschoten • 1 Limette
500 g Tüte Gelierzucker (2:1)

So wird's gemacht:

1. Die Erdbeeren waschen, putzen und die grünen Stiele entfernen, dann in einen großen Topf geben.

2. Die Vanilleschoten der Länge nach aufschneiden, das Mark (das sind die winzigen schwarzen Kügelchen) herauskratzen und zu den Erdbeeren geben.

3. Den Saft der Limette auspressen und ebenfalls zufügen.

4. Die Erdbeeren mit einem Pürierstab pürieren, nach Packungsanleitung den Gelierzucker 2:1 zufügen und aufkochen (Vorsicht, das kann spritzen!). Noch heiß in Gläser abfüllen (Topfhandschuhe benutzen!) und diese auf den Kopf stellen, bis sie ausgekühlt sind.

MÖHREN-MÜSLI-RIEGEL

FÜR 8–10 RIEGEL BRAUCHST DU:

75 g Möhren • 75 g Datteln • 75 g Haferflocken
75 g Nussmischung (z. B. Walnüsse, Mandeln, Cashews usw.) • 20 g Honig • 1 TL Zimt

So wird's gemacht:

1. Den Ofen auf 180 °C Umluft vorheizen.

2. Möhren schälen und fein raspeln. (Dabei gut auf die Fingerspitzen aufpassen!)

3. Datteln in einen Mixer geben und zerkleinern, bis eine klebrige Masse entsteht. Anschließend Haferflocken, Nüsse, Honig und Zimt zugeben und nochmals mixen.

4. Zuletzt die Möhren in den Mixer geben und alles noch mal kurz miteinander vermischen.

5. Die Masse auf ein Backblech geben und glatt streichen, sodass der Teig ca. 20 mal 20 cm groß ist.

6. Im vorgeheizten Ofen ca. 10–12 Minuten fertig backen. Abkühlen lassen und in Riegel schneiden. (Vorsicht: Topfhandschuhe verwenden!)

Omas

APFELPFANNKUCHEN

FÜR 4 PERSONEN BRAUCHST DU:

4 Eier • ½ l Milch • 225 g Mehl • 1 Päckchen Vanillesoßenpulver • 2 TL Backpulver etwas Salz • 4 EL Zucker • 4 mittelgroße säuerliche Äpfel (z. B. Boskop) 4 EL Margarine für die Pfanne

So wird's gemacht:

1. Die Eier aufschlagen (auf Seite 10 steht, wie's geht!) und in eine große Rührschüssel geben. Mit einem Schneebesen oder einem Mixer schaumig rühren, dann die Milch hinzugießen.

2. Als Nächstes Mehl, Soßenpulver, Backpulver, Salz und Zucker zugeben und so lange rühren, bis keine Klumpen mehr zu sehen sind.

3. Dann die Äpfel mit einem Sparschäler schälen, vierteln, die Kerngehäuse entfernen und die Viertel in dünne Scheiben schneiden.

4. Nun 1 EL Margarine in der Pfanne schmelzen lassen. Mit einer Suppenkelle etwas Teig in die Pfanne geben. In einer Pfanne kann man entweder drei kleine oder einen großen Pfannkuchen backen. (Die kleinen lassen sich viel leichter umdrehen!)

5. Jetzt schnell die Apfelscheiben oben auf den Teig legen! Die untere Seite des Pfannkuchens etwa 3 Minuten bei mittlerer Hitze anbacken lassen. Dann den Pfannkuchen mit einem Pfannenwender umdrehen und warten, bis die andere Seite (die mit den Äpfeln!) goldbraun gebacken ist.

6. Den Backofen auf 100 °C vorheizen und die fertig gebackenen Pfannkuchen darin auf einem Teller warm stellen, bis der ganze Teig aufgebraucht ist.

Bayerischer

WURSTSALAT

FÜR ETWA 4 PORTIONEN BRAUCHST DU:

1 Stück Lyoner (ca. 225 g) • ½ Zwiebel • 4 abgetropfte Essiggurken (ca. 100 g)

FÜR DIE SOMMERGARTEN-VARIANTE BRAUCHST DU:

¼ Salatgurke • ¼ Kohlrabi • 1 Möhre • 3 Radieschen

FÜR DIE SALATSOSSE BRAUCHST DU:

1½ EL mittelscharfen Senf • 2–3 EL weißen Essig • ½ EL Sonnenblumenöl
Salz und Pfeffer • Schnittlauch oder Petersilie nach Belieben

So wird's gemacht:

1. Eine große Salatschüssel bereitstellen, sodass die Zutaten gut durchmengt werden können und die Wurst den Geschmack der Salatsoße aufnehmen kann.

2. Die Haut von der Wurst entfernen und die Wurst in dünne Scheiben schneiden. Nun die Zwiebel schälen und in dünne Ringe schneiden. Als Nächstes die Essiggurken in Scheiben schneiden.

3. Dann das Gemüse waschen. Salatgurke, Kohlrabi und Möhre schälen und mit den Radieschen in feine Scheiben hobeln.

4. Für das Dressing Senf, Essig und Öl mit Salz und Pfeffer vermischen, evtl. 2 EL Wasser hinzufügen. Das Dressing unter den Wurstsalat heben und diesen mindestens 1 Stunde abgedeckt im Kühlschrank durchziehen lassen. Danach nach Belieben abschmecken und ggf. noch mal 15 Minuten ziehen lassen.

5. Zum Schluss mit klein geschnittenem Schnittlauch oder mit Petersilie garnieren und mit bayerischen Brezen oder frischem Bauernbrot servieren.

Guten Appetit! Auf Bayerisch klingt das so: „An Guadn!“

MÖHRENBROT

FÜR 1 GROẞE KASTENFORM BRAUCHST DU:

2 große Möhren • 800 g Weizenmehl (Type 550 oder 405)
1 EL Honig oder Rübenkraut
1 Würfel frische Hefe (alternativ 2 Päckchen Trockenhefe) • 2 TL Salz
150 g gemischte Saaten • 150 g Naturjoghurt • 500 ml lauwarmes Wasser
1 Brotbackform / große Kastenform

So wird's gemacht:

1. Den Backofen auf 220 °C vorheizen.

2. Die Möhren waschen, schälen und mit einer Küchenreibe fein raspeln.

3. Mit allen anderen Zutaten in die Schüssel geben und erst langsam, dann auf voller Stärke mit dem Mixer verkneten, bis sich ein zusammenhängender Teig bildet. Je nach Zustand (am besten einen Erwachsenen um Rat fragen) etwas mehr Mehl hinzugeben oder aber etwas mehr Wasser. Der Teig darf feucht sein, da er in einer Form gebacken wird.

4. Jetzt die Brotbackform ausfetten und hauchdünn mit Mehl bestäuben, dann den Teig hineingeben und an einem warmen Ort ca. 2 Stunden gehen lassen. Wenn der Teig doppelt so groß ist wie zuvor, in den Ofen schieben. (Vorsicht: Topfhandschuhe verwenden!)

5. Die Temperatur nun auf 180 °C reduzieren und das Brot für 50–60 Minuten darin backen. Den Stäbchentest machen: einen Zahnstocher hineinpiksen, wenn kein Teig an dem Holzstäbchen hängen bleibt, ist das Brot fertig.

DIESES MÖHRENBROT HABE ICH BEI MEINEM BESUCH BEIM WEIHNACHTSMANN GEGESSEN. DOCH ES SCHMECKT RUND UMS JAHR.

MÖHRENRÖSTI

FÜR 8 RÖSTI BRAUCHST DU:

400 g Möhren • ½ Bund Petersilie • 2 Eier • Salz • Pfeffer
8 EL Weizenvollkornmehl • Mehl zum Bestäuben • Öl zum Braten

So wird's gemacht:

1. Die Möhren waschen, das Grün abschneiden und die Möhren mit einem Sparschäler schälen.

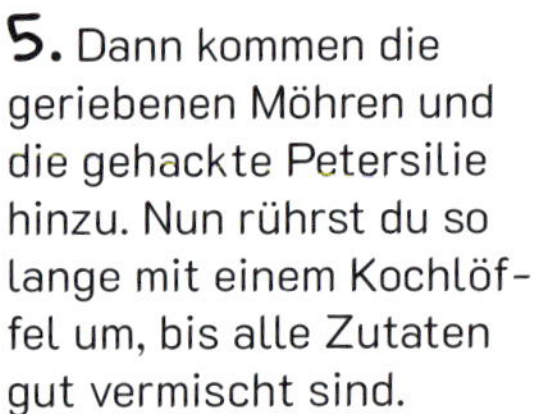

2. Die Möhren entweder mit einer Küchenmaschine (Achtung: Die Messer sind scharf, lass dir von deinen Eltern helfen!) oder mit einer Reibe (auf die Fingerspitzen aufpassen) fein raspeln.

3. Die Petersilie waschen, abtrocknen und klein schneiden.

4. Die Eier in einer großen Schüssel aufschlagen (auf S. 10 steht, wie`s geht), dann Salz, Pfeffer und Mehl hinzugeben und alles mit einem Schneebesen verrühren.

5. Dann kommen die geriebenen Möhren und die gehackte Petersilie hinzu. Nun rührst du so lange mit einem Kochlöffel um, bis alle Zutaten gut vermischt sind.

6. Die Hände und die Arbeitsfläche mit Mehl bestäuben und aus der Möhrenmasse acht Bällchen formen.

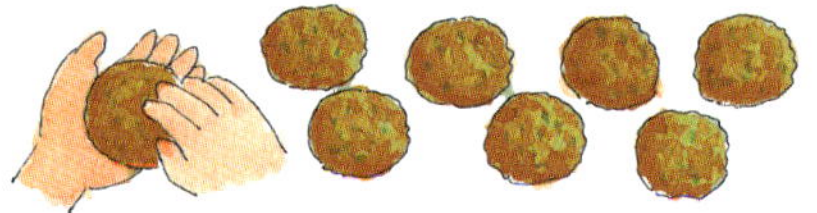

7. Das Öl in eine Bratpfanne geben und die Pfanne auf dem Herd erhitzen. Dann die Rösti in die Pfanne geben und etwas platt drücken.

8. Die Rösti bei mittlerer Hitze zuerst für etwa 5 Minuten von der unteren Seite anbraten. Wenn die goldbraun ist, die Rösti mit einem Pfannenwender umdrehen und die andere Seite anbraten.

TIPP:

DIE RÖSTI WARM SERVIEREN. DAZU SCHMECKT EIN EISBERG-SALAT MIT SOPHIES SALATSOßE (SEITE 24).

SÜẞE QUARKHÄSCHEN

FÜR CA. 16 HASEN BRAUCHST DU:

9 EL Öl • 9 EL Milch • 190 g Quark • 100 g Zucker • 1 Päckchen Vanillin-Zucker
1 Päckchen Backpulver • 450 g Mehl • Sahne zum Bestreichen • 48 Schokotropfen
Zuckerguss nach Belieben

So wird's gemacht:

1. Den Backofen auf 180 °C vorheizen.

2. Alle Zutaten in einer Rührschüssel gut vermischen, bis eine glatte Masse entstanden ist. Dann die Hände bemehlen und von Hand durchkneten.

3. Dann ein Backblech mit Backpapier auslegen. Den Teig in etwa 16 Stücke teilen und diese oval ausrollen, jedes Teigstück sollte etwa 10 cm lang sein. Jetzt jedes Teigstück von oben bis zur Hälfte mit einer Schere oder einem Messer einschneiden, um die Ohren zu formen. Dazu die beiden Teigohren einmal verdrehen (siehe unten) oder einfach etwas auseinanderziehen (siehe Foto).

4. Die Häschen auf das Backblech legen, mit etwas Sahne bepinseln und jeweils 3 Schokotropfen als Augen und Nase platzieren. In den Backofen schieben und 15–20 Minuten backen. Wenn sie goldgelb sind, sind sie fertig. Wer mag, kann mit etwas Zuckerguss noch Schnurrhaare aufmalen.

MMMMMH – MILCHREIS

FÜR 4 PORTIONEN BRAUCHST DU:

1–2 EL Butter • 250 g Milchreis • 1 l Milch • 4 EL Zucker
1 Vanilleschote oder 1 Päckchen Vanillin-Zucker

AUSSERDEM PASST DAZU WAHLWEISE:

2 TL Zimt und 2 EL Zucker gemischt • heiße Kirschen (s. S. 43) • rote Grütze
Sophies weltbester Obstsalat (s. S. 18).

So wird's gemacht:

1. In einem großen Topf die Butter schmelzen, anschließend den Milchreis kurz in der Butter anschwitzen.

2. Die Milch sowie den Zucker hinzugeben. Entweder das rausgekratzte Vanillemark oder ein Päckchen Vanillin-Zucker hinzufügen. Alles unter gründlichem Rühren aufkochen lassen und dabei aufpassen, dass sich nichts am Topfboden ansetzt.

3. Die Temperatur der Herdplatte reduzieren, die Milch sollte noch leicht weiterköcheln, und den Topfdeckel auflegen. Nun im geschlossenen Topf noch ungefähr 30 Minuten ziehen lassen, dabei zwischendurch umrühren.

MEHLBÜDDEL

FÜR EINEN MEHLBÜDDEL BRAUCHST DU:

5 Eier • 500 g Mehl • 500 ml Milch • 250 ml Sahne • 80 Zucker • 1 Prise Salz

AUSSERDEM PASST DAZU WAHLWEISE:

Kompott • Sirup • geschmolzene Butter mit Zimt

So wird's gemacht:

1. Die Eier trennen, die Eiweiße steif schlagen und beiseitestellen. (Auf Seite 10 steht, wie es geht!) Danach alle anderen Zutaten mit den Eigelben in eine große Schüssel geben.

2. Pfoten waschen, aus den Zutaten einen Teig kneten und zuletzt den Eischnee vorsichtig unterheben. Der Teig wird nun in ein Tuch gegeben und dieses oben zugebunden (aber eine Handbreit Platz lassen). Dann kommt der Teig für 2–2 ½ Stunden in kochendes Wasser, dafür oben am Tuch einen Holzlöffel befestigen und den Löffel auf den Topfrand legen, sodass der Mehlbüddel im Wasser schwimmt und nicht den Topfboden berührt.

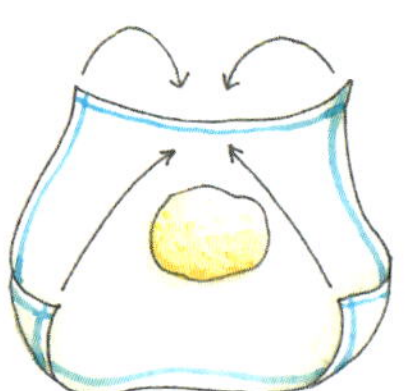

3. Danach in Scheiben schneiden und mit Kompott, Sirup oder geschmolzener Butter mit Zimt genießen.

DIESEN MEHLBÜDDEL HABE ICH AUF EINER WINZIGEN HALLIG, MITTEN IN DER NORDSEE, GEKOSTET.

Herzhafte MÖHREN-MUFFINS

FÜR 12 MUFFINS BRAUCHST DU:

2 Möhren • 130 g Gouda • ½ Bund Schnittlauch • 50 ml Milch
60 ml Sonnenblumenöl • 250 g Joghurt • 225 g Mehl (Type 405) • 2 Eier
1 EL Butter • 1 TL Salz • 1½ TL Backpulver • ½ TL Natron

AUßERDEM BRAUCHST DU:

12 Papierförmchen • Muffinblech

So wird's gemacht:

1. Den Backofen auf 180 °C vorheizen und die 12 Mulden eines Muffinblechs mit je 1 Papierförmchen auslegen.

2. Die Möhren schälen und fein raspeln. Danach den Gouda ebenfalls fein raspeln. (Dabei gut auf die Fingerspitzen aufpassen!)

3. Den Schnittlauch abbrausen, trocken tupfen, in feine Röllchen schneiden und beiseitestellen.

4. Milch, Öl, Joghurt, Mehl, Eier, Butter, Salz, Backpulver und Natron zusammen in eine Schüssel geben und mit einem Handmixer gut vermengen.

5. Jetzt Möhren, Käse und Schnittlauch unterheben. Den fertigen Teig in die Papierförmchen geben und für 25–30 Minuten backen. (Vorsicht: Topfhandschuhe verwenden!)

WAFFELN

mit heißen Kirschen

250 g Margarine • 125 g Zucker • 1 Päckchen Vanillin-Zucker • 4 Eier
250 g Weizenmehl • 1 TL Backpulver • 6 EL lauwarmes Wasser
100 g abgezogene gemahlene Mandeln

FÜR DIE HEIßEN KIRSCHEN:

1 Glas Süßkirschen • 2 EL Speisestärke

AUßERDEM BRAUCHST DU:

1 Waffeleisen • 2 Kuchengitter

So wird's gemacht:

1. Die Margarine schaumig rühren, nun den Zucker, Vanillin-Zucker und die Eier hinzugeben. Dann das Mehl mit dem Backpulver mischen und abwechselnd mit dem lauwarmen Wasser zum Teig hinzugeben. Zuletzt die Mandeln unter den Teig heben.

2. Den Teig in nicht zu großen Portionen (jeweils etwa 2 EL) in ein gut erhitztes und gefettetes Waffeleisen geben. (Vorsicht: Das ist heiß!) Die Waffel goldbraun backen lassen. Viele Waffeleisen zeigen mit einer Ampel an, wenn die Waffel herausgenommen werden kann.

3. Die Waffeln auf einem Kuchengitter erkalten lassen.

4. Den Saft der Kirschen durch ein Sieb in einen Topf gießen, 4 EL Saft in einer Tasse beiseitestellen. Dann die Kirschen zur Seite stellen und den Saft zum Kochen bringen. (Vorsicht: Das ist heiß!)

5. Die Speisestärke langsam mit den 4 EL Kirschsaft in der Tasse verrühren. Wichtig: Es darf keine Klumpen geben. Wenn der Saft im Topf blubbert, den Soßenbinder zu den Kirschen geben. Gut umrühren (Vorsicht, heiß!) und kurz köcheln lassen, bis die Masse eingedickt ist. Die Kirschen zugeben.

DIE HEIßEN KIRSCHEN SCHMECKEN AUCH ZUM MILCHREIS (SIEHE SEITE 38). KLEINE SCHLECKERMÄULCHEN SCHLAGEN ZU DEN WAFFELN NOCH EINEN BECHER SAHNE STEIF.

WEIHNACHTSPLÄTZCHEN

FÜR ETWA 60 PLÄTZCHEN BRAUCHST DU:

200 g Butter oder Margarine • 300 g Puderzucker • 450 g Mehl • 1 Prise Salz

FÜR DEN GUSS UND ZUM ZUM VERZIEREN:

250 g Puderzucker • 3–4 EL Zitronensaft • Schoko- oder bunte Zuckerstreusel

TIPP:

AM BESTEN LASSEN SICH DIE PLÄTZCHEN MIT EINEM FLACHEN BROTMESSER VON DER ARBEITSPLATTE LÖSEN.

So wird's gemacht:

1. In einer großen Schüssel die Butter oder Margarine schaumig rühren.

2. Puderzucker, Mehl und das Salz zugeben und alles zu einem glatten Teig verkneten. Damit die Plätzchen später ihre Form behalten, den Teig mindestens eine Stunde in den Kühlschrank stellen.

3. Nun Arbeitsplatte und Teigrolle bemehlen, den Teig aus dem Kühlschrank nehmen und ihn etwa 3 mm dick ausrollen. Dann die Plätzchen in verschiedenen Weihnachtsformen ausstechen.

4. Den Backofen auf 200 °C vorheizen und ein kaltes Backblech mit Backpapier auslegen, darauf die Plätzchen legen. Das klappt am besten mit einem flachen Brotmesser.

5. Jetzt das Backblech für 10–15 Minuten in den Ofen schieben (Vorsicht: Topfhandschuhe anziehen!). Wenn die Plätzchen goldgelb sind, mit einem Pfannenwender herunternehmen und auf einem Kuchengitter auskühlen lassen. (Das nächste Blech mit Plätzchen wird schneller, nach 8–10 Minuten, fertig sein.)

6. Für den Zuckerguss den Zitronensaft mit dem Puderzucker in einer kleinen Rührschüssel verrühren, bis eine zähe Masse entsteht. Mit einem Backpinsel etwas Zuckerguss auf die ausgekühlten Plätzchen streichen und die Plätzchen nach Belieben verzieren.

WINTERLICHE BRATÄPFEL

FÜR 4 PORTIONEN BRAUCHST DU:

4 große Äpfel (Boskop oder eine andere herzhafte, mürbe Sorte) • 4 EL Honig 1 Handvoll Rosinen • 4 EL gehackte Haselnüsse oder Mandeln • 4 EL Butter 2 EL Margarine zum Ausfetten der Auflaufform • 4 Rouladennadeln

So wird's gemacht:

1. Die Äpfel waschen, auf ein Holzbrett legen und kurz unter dem Stiel einen „Deckel" abschneiden. Mit einem Teelöffel oder einem kleinen Küchenmesser das Kerngehäuse entfernen und die Äpfel aushöhlen. Wichtig: den Apfelboden dabei nicht durchbohren (sonst läuft später im Backofen die Füllung aus)!

2. Den Backofen auf 200 °C vorheizen.

3. Als Nächstes nach Geschmack Honig, Rosinen, Haselnüsse oder Mandeln in die Äpfel füllen, ganz zuoberst kommt ein Stückchen Butter.

4. Zum Schluss wieder den passenden „Deckel" auf jeden Apfel setzen und mit einer Rouladennadel befestigen, damit er nicht abfällt.

5. Dann eine Auflaufform mit Margarine ausfetten, die Bratäpfel hineinsetzen und für 25–30 Minuten in den heißen Backofen schieben. Die Bratäpfel sind fertig, wenn sie goldbraun sind.

TIPP:

ZU DEN HEIßEN BRATÄPFELN SERVIERST DU AM BESTEN VANILLESOßE ODER VANILLEEIS!

WINTERLICHER APFELPUNSCH

FÜR 1 GROSSEN TOPF BRAUCHST DU:

1 l Früchtetee • ½ l Apfelsaft
1 Päckchen Vanillin-Zucker oder das Mark einer Vanilleschote
2 Zimtstangen • 2 Sternanis, ganz • 2 EL Honig

Saft einer ausgepressten Orange oder • 1 Tasse Orangensaft

So wird's gemacht:

1. Alle Zutaten in einen großen Topf füllen und mit einem Kochlöffel verrühren. Dann den Deckel auflegen und bei mittlerer Hitze erwärmen. Nicht kochen lassen!

2. Zimtstangen und Sternanis entfernen und den Punsch heiß in Tassen servieren.

BEI SOPHIE UND MIR GIBT ES DEN APFELPUNSCH IMMER, WENN WIR VERFROREN VON EINER WINTERWANDERUNG ODER DEM SCHLITTENFAHREN NACH HAUSE KOMMEN.

HEXENHÄUSCHEN

zur Adventszeit und Weihnachten

FÜR 4 HÄUSCHEN BRAUCHST DU:

50 g Puderzucker • 1–2 TL Zitronensaft • 12 Butterkekse

ZUM VERZIEREN:

Gummibärchen • Zuckerstreusel oder -sterne • Schokostreusel • Schokolinsen

So wird's gemacht:

1. Als Erstes aus Puderzucker und Zitronensaft den „Kleber" in einer Rührschüssel anrühren, bis eine glatte Masse entsteht. Diese sollte nicht zu flüssig sein - ansonsten noch etwas Puderzucker zugeben.

2. Nun die Kekse wie ein Dreieck aufstellen. Einen zuunterst und zwei links und rechts als Dach. Jetzt die Kekse an den Seiten mit einem Backpinsel mit dem Zuckerguss bestreichen und leicht aneinanderdrücken, damit das Häuschen stabil zusammenklebt.

3. Es macht nichts, wenn etwas Zuckerguss dabei herunterläuft. So zaubert man den schönen Schnee-Effekt. Nun die Süßigkeiten jeweils mit einem kleinen Klecks Zuckerguss auf das Dach kleben und zwei Gummibärchen in das Hexenhäuschen hineinsetzen.

4. Nach 10–15 Minuten sind die Hexenhäuschen getrocknet. Nun können sie vernascht und/oder in kleinen Tütchen verpackt und verschenkt werden.

REZEPTE AUS
ALLER WELT

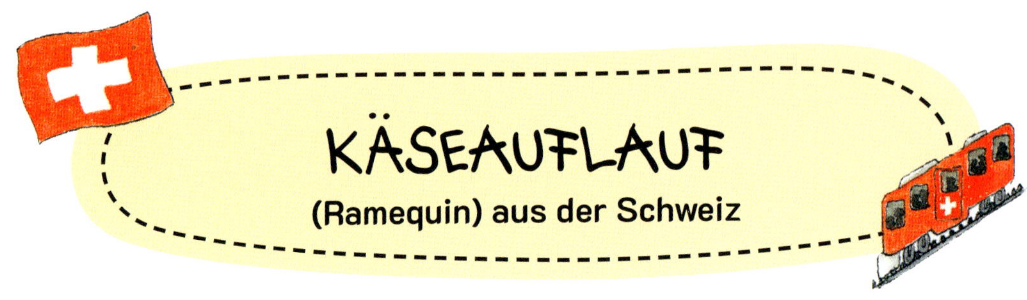

KÄSEAUFLAUF

(Ramequin) aus der Schweiz

FÜR 1 GROẞE AUFLAUFFORM BRAUCHST DU:

3 EL weiche Margarine • ½ l Milch • 12 Scheiben Toastbrot • 4 Eier
1 Becher (200 g) Sahne • 200 g geriebenen Käse (Emmentaler oder Gouda)
¼ TL Salz • etwas geriebene Muskatnuss • etwas Rosenpaprikapulver

So wird's gemacht:

1. Eine große Auflaufform oder ein tiefes Backblech mit Margarine einstreichen (das nennt man „ausfetten") und den Backofen auf 200 °C vorheizen.

2. Die Milch in eine Rührschüssel gießen und nacheinander die Toastbrotscheiben kurz darin wenden. Dann die Brotscheiben wie Dachziegel in die Auflaufform schichten.

3. Die Eier (auf Seite 10 steht, wie's geht!) und die Sahne zu der restlichen Milch geben und mit einem Schneebesen verrühren. Danach den geriebenen Käse zugeben, mit Salz, Muskatnuss und Rosenpaprikapulver würzen und mit einem Kochlöffel umrühren.

4. Jetzt diese Mischung über die Brotscheiben gießen, die Auflaufform mit Alufolie abdecken und in den heißen Backofen schieben. Nach 20 Minuten Backzeit die Alufolie entfernen (Vorsicht: Topfhandschuhe benutzen!) und den Auflauf noch 10 Minuten backen lassen, bis er goldbraun ist.

TIPP:

DEN KÄSEAUFLAUF HEIß SERVIEREN, DAZU SCHMECKT EIN EISBERGSALAT MIT OMAS SALATSOßE (SEITE 25).

KÄSE-RÖSTI

aus der Schweiz

FÜR 4 RÖSTI BRAUCHST DU:

750 g Pellkartoffeln • 2 große Möhren • ½ Packung Petersilie (TK) oder 1 Bund frische Petersilie • 2 EL Rosmarinnadeln • 150 g geriebenen Käse • 2 EL Bratbutter Salz und Pfeffer • Cayennepfeffer • 4 Scheiben Käse (z. B. Appenzeller)

So wird's gemacht:

1. Die Kartoffeln mit Wasser in einen Topf geben und erhitzen, bis sie nach ca. 40 Minuten weich gekocht sind.

2. Das Wasser abgießen, unbedingt Topfhandschuhe benutzen! Die noch heißen Kartoffeln pellen und abkühlen lassen. Dann die Kartoffeln reiben. Die Möhren schälen und ebenfalls reiben. Beides in eine große Schüssel geben. Die Kräuter klein hacken, mit dem geriebenen Käse in die Schüssel geben und alles vermischen.

3. Nun auf der kleinsten Stufe die Bratbutter in der Pfanne schmelzen lassen. Das Röstigemisch zugeben und leicht anbraten lassen. Dabei gelegentlich wenden. Nun mit Salz, Pfeffer, Cayennepfeffer würzen. Das Röstigemisch mit einem Pfannenwender zu vier flachen Kuchen formen und sie nicht mehr bewegen!

4. Zugedeckt bei geringer Hitze 15 Minuten braten. Dann wenden. Dabei von einem Erwachsenen helfen lassen. Ca. 10 Minuten zugedeckt weiterbraten, bis die Rösti goldbraun sind. Zum Schluss je eine Käsescheibe auf jedem Rösti schmelzen lassen. Wenn man mit einer Gabel leicht hineinpiksen kann, sind die gut.

„EN GUETE", SO SAGT MAN IM APPENZELL.

KAISERSCHMARR'N

aus Österreich

FÜR ETWA 4 PORTIONEN BRAUCHST DU:

6 Eier • ¼ l Milch • 100 g Mehl • 1 EL Vanillezucker • 1 EL Zitronensaft • 2 EL Zucker 2 Prisen Salz • 4 EL Butter zum Backen • 4 EL Rosinen nach Belieben Puderzucker zum Bestreuen

So wird's gemacht:

1. Zunächst die Eier in Eiweiß und Eigelb trennen (auf Seite 10 steht, wie's geht!). Die Eigelbe in einer großen Schüssel mit Milch, Mehl, Vanillezucker und Zitronensaft zu einem glatten Teig verrühren.

2. Die Eiweiße in einer Rührschüssel mit dem Schneebesen des Mixers schlagen, bis sie ganz steif sind. (Test: Ein Messerschnitt muss sichtbar bleiben.) Während des Schlagens Zucker und Salz zugeben.

3. Den fertigen Eischnee vorsichtig unter den Teig heben.

4. 1 EL Butter in einer flachen Pfanne heiß werden lassen und ein Viertel des Teiges hineingeben.

5. Wenn die untere Seite nach etwa 3 Minuten goldbraun gebacken ist, den Schmarr'n mit einem Pfannenwender wenden und mit zwei Gabeln in Stücke zerreißen.

6. 1 EL Rosinen darüberstreuen und alles unter weiterem Umrühren in etwa 3 Minuten fertig backen.

7. Zum Schluss mit reichlich Puderzucker bestäuben. Und nun die restlichen drei Kaiserschmarr'n backen.

TIPP:

IN ÖSTERREICH ISST MAN DAZU EINGEMACHTE FRÜCHTE (Z.B. PFLAUMEN), VANILLEEIS ODER APFELMUS.

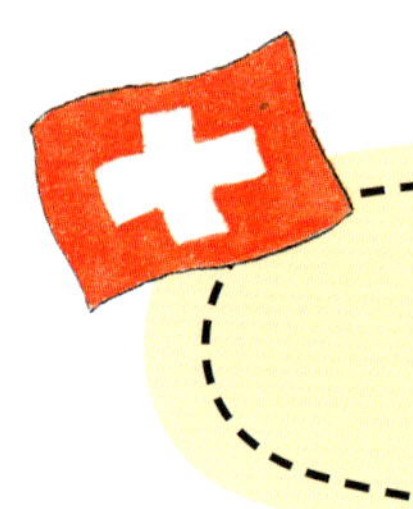

RACLETTE

aus der Schweiz

FÜR 4 PERSONEN BRAUCHST DU:

1 kg Kartoffeln, möglichst klein und von gleicher Größe
800 g Schweizer Raclettekäse (in Scheiben) • Cornichons • Silberzwiebeln
Mixed Pickles • frisch gemahlenen Pfeffer • Paprikapulver edelsüß

AUßERDEM BRAUCHST DU:

1 Raclettegerät mit Pfännchen • Baguette (in dünne Scheiben geschnitten)

So wird's gemacht:

1. Die ungeschälten Kartoffeln ca. 25 Minuten kochen, abgießen, kalt abschrecken und ausdampfen lassen.
2. Das Raclettegerät vorheizen.
3. Die Käsescheiben auf einer Platte anrichten. Cornichons, Silberzwiebeln und Mixed Pickles als Beilagen auf Schälchen verteilen und mit der Pfeffermühle und dem Paprikapulver auf dem Tisch bereitstellen.
4. Je 1 Scheibe Raclettekäse im Pfännchen schmelzen lassen, würzen und mit Kartoffeln und Beilagen genießen.

TIPP:
IHR KÖNNT AUCH ZWIEBELRINGE, CHAMPIGNONSCHEIBEN, PAPRIKASTREIFEN, GEACHTELTE TOMATEN ODER SPECKWÜRFEL IN DEN PFÄNNCHEN UNTER DEM KÄSE MITGAREN.

WIE DAS RACLETTE ANGEBLICH ERFUNDEN WURDE:
VOR LANGER ZEIT LEGTE EIN BAUER EIN GROßES STÜCK KÄSE ZU NAH AM HERDFEUER AB. ALS ER SAH, DASS DIE ÄUßERE SCHICHT DES KÄSES GESCHMOLZEN WAR, HAT ER MIT EINEM STÜCK BROT DEN GESCHMOLZENEN KÄSE ABGESCHABT UND GEGESSEN. DAS WAR SOOOOO LECKER, DASS ES SICH BIS ZU DIR RUMGESPROCHEN HAT.

KÄSEFONDUE

aus der Schweiz

FÜR 4 PERSONEN BRAUCHST DU:

1 Knoblauchzehe • 1 kg Schweizer Fonduekäse • 350 ml naturtrüben Apfelsaft
1 TL Speisestärke • frisch gemahlenen weißen Pfeffer • frisch geriebene Muskatnuss
reichlich Baguette (grob gewürfelt)

AUßERDEM BRAUCHST DU:

1 Fondue-Set

So wird's gemacht:

1. Knoblauchzehe schälen und halbieren. Den Fonduetopf damit ausreiben. Käse in kleine Würfel schneiden und mit dem Apfelsaft in einen Topf geben. Unter Rühren erhitzen, bis der Käse sich vollständig aufgelöst hat. Die Speisestärke mit etwas Wasser anrühren, hinzugeben und gut unterrühren. Alles noch einmal kurz aufkochen lassen, mit Pfeffer und Muskat würzen und servieren.

2. Das Fondue auf regulierbarer Flamme köcheln lassen. Lass dir von deinen Eltern helfen, damit sich keiner verbrennt und nichts schiefgeht!

3. Die Brotwürfel aufspießen und in die Käsemasse tunken. Achtung: Die Masse brennt schnell an, am besten mit den aufgespießten Brotwürfeln dicht am Topfboden rühren, damit die Masse sämig bleibt.

ARME RITTER

(Wentelteefjes) aus den Niederlanden

FÜR 8 PORTIONEN BRAUCHST DU:

2 Eier • ¼ l Milch • 1 TL Zimt • 4 EL Butter • 8 Scheiben Weißbrot

So wird's gemacht:

1. Als Erstes die Eier in eine Rührschüssel schlagen (auf Seite 10 steht, wie's geht!) und mit der Milch und dem Zimt verrühren. Danach diese Eiermasse in einen Suppenteller gießen.
2. Den Backofen auf 100 °C vorheizen.
3. Nun 1 EL Butter in einer Bratpfanne schmelzen lassen.
4. Als Nächstes der Reihe nach alle Brotscheiben in der Eiermasse wenden, bis sie gut durchtränkt sind.
5. Dann immer 2–3 Brotscheiben in die Bratpfanne legen und bei mittlerer Hitze von der unteren Seite braten lassen. Ist die untere Seite goldbraun, die Brotscheiben mit einem Pfannenwender umdrehen und die andere Seite braten, bis sie auch goldbraun aussieht.
6. Die fertig gebackenen Wentelteefjes auf einem Teller in den auf 100 °C vorgeheizten Backofen stellen, damit sie warm bleiben.
7. Die Wentelteefjes mit Sirup oder Marmelade bestreichen. Sophie und Felix sind sich einig, dass sie am allerbesten mit Zimtzucker bestreut oder mit Vanillesoße schmecken!

„WENTELTEEFJES" HEIẞT ÜBERSETZT „SICH DREHENDE HÜNDCHEN".

NIZZA-SALAT

(Salade niçoise) aus Frankreich

FÜR 1 GROßE SCHÜSSEL BRAUCHST DU:

½ Kopfsalat • ½ Salatgurke • ½ Zwiebel • 4 Tomaten • 150 g Thunfisch (Dose)
240g Artischockenherzen (Dose) • 150 g Mais (Dose) • 2 Eier

FÜR DIE SALATSOßE BRAUCHST DU:

1 EL Olivenöl • 2 EL Balsamessig • 1 EL süßen Senf
je 2 Prisen Salz und getrocknete Kräuter der Provence • etwas weißen Pfeffer

So wird's gemacht:

1. Den Salat verlesen (auf Seite 11 steht, wie's geht!), in kleine Stückchen reißen und in eine Salatschüssel geben.

2. Als Nächstes die Gurke und die Zwiebel schälen und in dünne Ringe schneiden.

3. Die Tomaten vom Stielansatz befreien und klein schneiden. Mit Gurke und Zwiebel zum Salat geben.

4. Nun die Dosen mit einem Dosenöffner öffnen und das Wasser abgießen. Den Thunfisch mit einer Gabel zerteilen, die Artischockenherzen in Achtel schneiden und mit den Maiskörnern in die Schüssel geben.

5. Die Eier hart kochen, abschrecken (auf Seite 10 steht, wie's geht!) und auskühlen lassen. Dann die Eier pellen, in Achtel schneiden und in die Schüssel geben.

6. Alle Zutaten für die Salatsoße mit einem Schneebesen verrühren und anschließend über den Salat gießen. Sofort servieren!

TIPP:

DAZU SCHMECKT AUCH WARMES, IM OFEN AUFGEBACKENES BAGUETTE!

KARTOFFELGRATIN

aus Frankreich

FÜR 1 AUFLAUFFORM BRAUCHST DU:

8 kleine Kartoffeln • 1 Knoblauchzehe • 30 g Butter • Salz und Pfeffer
¼ l Schlagsahne • 1 Prise Muskatnuss

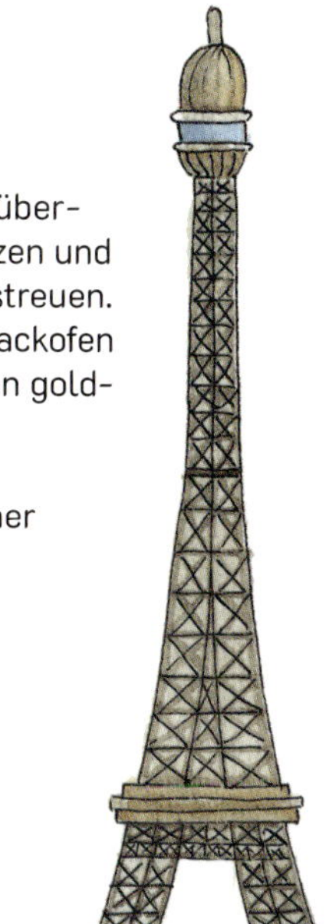

So wird's gemacht:

1. Den Backofen auf 200 °C vorheizen.

2. Die Kartoffeln waschen, schälen und in dünne Scheiben schneiden. Eine flache Auflaufform mit der Knoblauchzehe einreiben und mit etwas Butter bestreichen.

3. Als Nächstes die Kartoffelscheiben dachziegelartig hineinschichten. Kräftig mit Salz und Pfeffer würzen.

4. Alles mit der Sahne übergießen. Mit Muskat würzen und mit Butterflöckchen bestreuen. Dann im vorgeheizten Backofen bei 200 °C in 45 Minuten goldbraun backen.

Dazu schmeckt ein grüner Salat (siehe Seite 24).

TIPP:

WAHLWEISE KANN MAN AUCH DAS GRATIN MIT GERIEBENEM KÄSE ÜBERBACKEN ODER SPECKWÜRFEL MIT HINEINGEBEN.

DREIKÖNIGSKUCHEN

(Galette des Rois) aus Frankreich

FÜR 1 KUCHEN BRAUCHST DU:

120 g Butter • 100 g Zucker • 2 Eier • 100 g gemahlene Mandeln • 1 EL Maisstärke
2 Rollen Blätterteig • 1 Eigelb zum Bestreichen

AUSSERDEM BRAUCHST DU:

1 kleine Porzellanfigur

So wird's gemacht:

1. Den Backofen auf 180 °C vorheizen.
2. In einer Schüssel Butter und Zucker verrühren, dann die Eier, die gemahlenen Mandeln und die Speisestärke hinzugeben.
3. Einen Blätterteig auf ein mit Backpapier belegtes Backblech geben, ausrollen und rund mit ca. 26 cm Durchmesser ausschneiden. Die Mandelmasse darauf verteilen, 2 cm zum Rand freilassen und die Porzellanfigur hineinlegen.
4. Danach die zweite Lage Blätterteig darüberlegen, überschüssigen Teig entfernen und die Teigränder gut zusammendrücken, damit die Mandelmasse während des Backens nicht ausläuft.
5. Zum Schluss mit einer Gabel schöne Motive in den Teig stechen oder vorsichtig mit einem Messer ein Muster hineinritzen. Dann mit Eigelb bepinseln und im heißen Ofen für 30–40 Minuten backen.

IN FRANKREICH WIRD DER „GALETTE DES ROIS" SO SERVIERT: ZUERST WIRD ER IN SO VIELE STÜCKE GESCHNITTEN, WIE ES GÄSTE GIBT. DER JÜNGSTE GAST AM TISCH DARF ENTSCHEIDEN, WER DAS ERSTE KUCHENSTÜCK ERHÄLT. WENN ALLE GÄSTE EIN KUCHENSTÜCK HABEN, DÜRFEN SIE ANFANGEN ZU ESSEN. DOCH DABEI GIBT ES EINE ÜBERRASCHUNG: IM KUCHEN IST EINE KLEINE PORZELLANFIGUR VERSTECKT. WER DIESE IN SEINEM KUCHENSTÜCK ENTDECKT, IST DER KÖNIG DES TAGES, BEKOMMT EINE GOLDENE KRONE AUFGESETZT UND DARF FÜR DEN REST DES TAGES BESTIMMEN! VORSICHT! GEFÄHRLICH!
DIE FRANZÖSISCHEN ZAHNÄRZTE HABEN IM JANUAR VIEL ZU TUN, DENN WER AUF DIE PORZELLANFIGUR BEIßT, VERLIERT OFT EIN STÜCK ZAHN.

MANDELKUCHEN

(Tarta de Santiago) aus Spanien

DAZU BRAUCHST DU:

5 Eier • 300 g Zucker • 300 g gemahlene Mandeln • Margarine zum Ausfetten Puderzucker und eine Kreuzschablone zum Verzieren

So wird's gemacht:

1. Die Eier in eine Rührschüssel aufschlagen (auf Seite 10 steht, wie's geht!), mit dem Zucker cremig schlagen, die gemahlenen Mandeln untermischen.

2. Den Backofen auf 190 °C vorheizen.

3. Eine Springform von 22 cm Durchmesser mit Margarine ausfetten.

4. Den Teig hineinfüllen, glattstreichen, dann die Form in den Backofen schieben.

5. Wenn deine Mandeltorte nach 15 Minuten Backzeit bereits zu dunkel werden sollte, kannst du Alufolie über die Springform breiten. (Dabei Topfhandschuhe anziehen!)

6. Nach 25–30 Minuten nimmst du den Mandelkuchen aus dem Backofen. Nun schneidest du mit einem Messer vorsichtig am Rand der Kuchenform entlang, nimmst den Rand von der Springform ab und lässt den Kuchen auf dem Boden der Springform abkühlen.

7. Wenn der Kuchen ausgekühlt ist, kannst du ihn verzieren: Dazu benötigst du eine Schablone vom Jakobskreuz (schau doch mal mit deinen Eltern im Internet). Diese schneidest du aus, legst sie auf den Kuchen und streichst Puderzucker durch ein Sieb, bis der Kuchen weiß überzogen ist. Nun nimmst du die Schablone vorsichtig ab und kannst deine Tarta de Santiago genießen.

SPAGHETTI CARBONARA

aus Italien

FÜR 4 PERSONEN BRAUCHST DU:

3 Eier • 250 g Mascarpone Cremissimo
100 g magerer Räucherspeck (gibt es schon fertig gewürfelt) • 400 g Spaghetti
3 EL Parmesan • etwas Butter • Salz und Pfeffer

So wird's gemacht:

1. Zwei ganze Eier in eine Schüssel schlagen (auf Seite 10 steht, wie's geht!). Ein Eigelb (auf Seite 10 steht, wie man Eier trennt) und Mascarpone zugeben. Gut verrühren, bis eine cremige Masse entsteht.

2. Dann den Speck in Würfelchen schneiden und mit ein wenig Butter in der Pfanne anbraten, bis er knusprig ist. Zusammen mit dem Parmesan in die Schüssel zu der Eimasse geben, mit Salz und Pfeffer würzen.

3. In der Zwischenzeit die Spaghetti in kochendes Wasser geben und nach Packungsangabe kochen. Dann über einem Sieb abgießen. (Dabei von einem Erwachsenen helfen lassen.)

4. Nun die Eimasse mit einem Holzlöffel vorsichtig unter die Nudeln rühren. Sofort servieren. Dazu schmeckt ein grüner Salat, siehe Seite 24.

FELIX

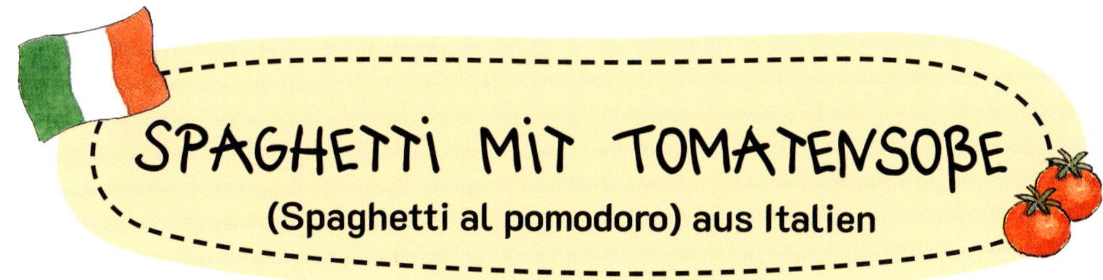

Spaghetti mit Tomatensoße

(Spaghetti al pomodoro) aus Italien

Für ca. 4 Personen

2 Zwiebeln • 2 Knoblauchzehen • 4 EL Öl • 100 g Tomatenmark
etwas Kräutersalz und schwarzen Pfeffer • 1 Becher (200 g) Sahne • 2 EL Honig

Für die Nudeln brauchst du:

4 l Wasser • 2 TL Salz • 2 EL Öl • 400 g Spaghetti

Zum Servieren:

etwas Butter und geriebenen Parmesankäse

So wird's gemacht:

1. Zwiebeln und Knoblauchzehen schälen. Die Zwiebeln halbieren und in feine Würfel schneiden.

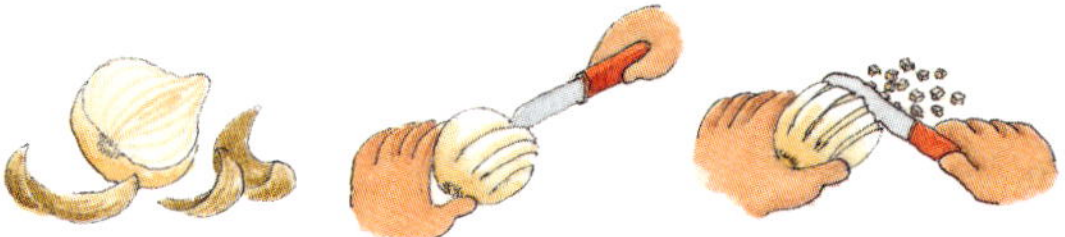

Den Knoblauch durch eine Knoblauchpresse drücken.

2. Das Öl in einem Topf erhitzen und darin Zwiebeln und Knoblauch goldgelb anbraten. Dann das Tomatenmark, die Gewürze und die Sahne zugeben. Gut umrühren und die Soße kurz aufkochen lassen. Mit dem Honig abschmecken.

3. Währenddessen das Wasser in einem großen Topf mit Salz und Öl (dann kleben die Nudeln nicht aneinander) zum Kochen bringen. Erst wenn das Wasser richtig brodelt, die Spaghetti hineingeben.

4. Nun ein Sieb in die Spüle stellen und die Spaghetti samt Kochwasser nach 8 - 10 Minuten hineingießen (auf Seite 10 steht, wie's geht!). Die Nudeln gut abtropfen lassen, dann in eine Schüssel füllen, ein Stückchen Butter zugeben und sofort mit der Tomatensoße servieren. Wer mag, streut sich Parmesankäse über die Spaghetti.

Tipp:
Dazu schmeckt ein frischer Salat (Seite 24).

PIZZA

aus Italien

FÜR DEN TEIG BRAUCHST DU:

1 Würfel frische Hefe • 2 TL Zucker • 500 g Mehl plus etwas zum Verarbeiten
1 TL Salz • 3 EL Olivenöl

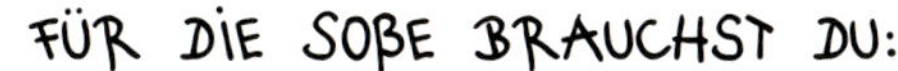

FÜR DIE SOßE BRAUCHST DU:

1 Zwiebel • 1 Knoblauchzehe • 1 EL Olivenöl • 400 g stückige Tomaten
½ Bund Basilikum • Salz und Pfeffer • 1 Prise Zucker

FÜR DEN BELAG BRAUCHST DU:

250 g geriebenen Mozzarella
Und weitere Zutaten ganz nach Belieben, z. B. Pilze • Cherrytomaten • Basilikum
Paprika • Mais • Salami

So wird's gemacht:

1. Hefe mit Zucker und 150 ml lauwarmem Wasser verrühren. Mehl in eine Schüssel geben, in die Mitte eine Mulde drücken, Hefe hineingießen. Abgedeckt 15 Minuten gehen lassen. Mit Salz, Öl und ca. 150 ml lauwarmem Wasser zu einem elastischen Teig verkneten. Abgedeckt 45 Minuten gehen lassen.

2. Backofen auf 250 °C vorheizen. Für die Tomatensoße Zwiebel und Knoblauch schälen, hacken und im heißen Öl andünsten. Tomaten zugeben. Basilikum abbrausen, trocken schütteln, Blättchen hacken und einrühren. Erhitzen und 10 Minuten köcheln lassen. Mit Salz, Pfeffer und Zucker würzen.

3. Den Teig auf einem mit Mehl bestäubten Backblech dünn ausrollen. Mit der Soße bestreichen. Die Pizza nach Belieben mit verschiedenen Zutaten belegen und zum Schluss mit dem Mozzarella bestreuen. Dann in den heißen Ofen schieben (Achtung, nicht verbrennen!) und die Pizza auf der unteren Schiene ca. 10 Minuten backen.

ÜBERBACKENES OBST
(Fruit Crumble) aus England

FÜR DIE OBSTMISCHUNG BRAUCHST DU:

450 g Obst deiner Wahl (Nektarinen, Pflaumen, Birnen, Äpfel oder Rhabarber)
80 g Zucker • 2–3 EL Zitronensaft • 2 EL Margarine zum Ausfetten der Auflaufform

FÜR DIE STREUSEL BRAUCHST DU:

100 g Butter oder Margarine • 80 g Zucker • 175 g Mehl

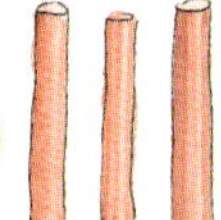

So wird's gemacht:

1. Zuerst das Obst waschen und vorbereiten. Nektarinen und Pflaumen halb durchschneiden und die Steine entfernen. Birnen oder Äpfel schälen, vierteln und die Kerngehäuse entfernen. Dann in Würfel schneiden. Das Blatt vom Rhabarber abschneiden (denn das ist giftig!), die Rhabarberstange waschen und in kleine Stücke schneiden. Alles in eine große Schüssel geben.

2. In einer Tasse den Zucker mit dem Zitronensaft verrühren und über das Obst gießen und alles vermengen.

3. Mit einem Backpinsel die Auflaufform mit der Margarine ausfetten und den Backofen auf 175 °C vorheizen.

4. Nun das Obst in die Auflaufform füllen. Mit einem Löffel glattstreichen.

5. Jetzt die Streusel vorbereiten. Die Butter oder Margarine in Stückchen schneiden und in eine Schüssel geben, Zucker und Mehl dazuschütten. Nun mit den Fingern so lange kneten, bis Streusel (so nennt man die Teigkrümel) entstehen. Diese gleichmäßig auf dem Obst verteilen.

6. Dann die Auflaufform in den heißen Backofen schieben. Nach 30 Minuten Backzeit sehen die Streusel goldbraun aus. Mit Topfhandschuhen die Auflaufform aus dem Backofen herausnehmen (Vorsicht, beides ist heiß!).

SCHMECKT WARM ZU VANILLEEIS, PUDDING ODER SCHLAGSAHNE

NESSIES HAFERBREI

(Porridge) aus Schottland

FÜR 4 PORTIONEN BRAUCHST DU:

4 mittelgroße Bananen • 200 g Haferflocken, blütenzarte
400 ml Sojamilch, Mandel- oder Hafermilch • 160 g Blaubeeren

JE NACH GESCHMACK:

etwas Ahornsirup oder • Agavendicksaft oder • Rohrzucker

So wird's gemacht:

1. Die Bananen in Stücke teilen und in eine Schüssel geben. Mit einer Gabel zerdrücken, bis du Bananenbrei hast. Nun die Haferflocken darübergeben und mit Milch übergießen.

2. Die Schüssel bei höchster Stufe in die Mikrowelle stellen und 1,5–2 Minuten erhitzen. Das Porridge aus der Mikrowelle nehmen und die gewaschenen Blaubeeren dazugeben, vorsichtig umrühren.

Je nach Geschmack das Porridge mit etwas Ahornsirup, Agavendicksaft oder Rohrzucker süßen.

TIPP:

JE NACHDEM, WIE FLÜSSIG DAS PORRIDGE WERDEN SOLL, MEHR ODER WENIGER MILCH ZUGEBEN.

SAFRANBRÖTCHEN

(Lussekatter) aus Schweden

FÜR 30–35 SAFRANBRÖTCHEN BRAUCHST DU:

1 Würfel frische Hefe (42 g) • ½ l Milch • 2 Eier • 200 g Butter • 1 Prise Salz 200 g Zucker • 1 TL gemahlenen Safran (stell dir vor, das ist das teuerste Gewürz der Welt) • 1 kg Mehl • Je 25 g geschälte und gehackte Mandeln Rosinen zum Verzieren

So wird's gemacht:

1. Alle Zutaten bereitstellen und den Backofen auf 250 °C vorheizen.

2. Die Hefe in einer Schüssel zerkrümeln und mit ein wenig kalter Milch verrühren. Ein Ei aufschlagen (auf Seite 10 steht, wie's geht!), verquirlen und hinzugeben.

3. Nun die Butter in einem Topf auf kleiner Hitze schmelzen lassen, den Rest der Milch dazugeben und erwärmen, bis die Flüssigkeit lauwarm ist. Ganz wichtig, sie darf nicht zu heiß oder zu kalt sein. Darum den Fingertest machen!

4. Dann die lauwarme Flüssigkeit über die zerbröckelte Hefe gießen. Salz, Zucker und Safran zugeben. Nach und nach das Mehl und die Mandeln unterrühren und zu einem Teig verkneten.

5. Die Schüssel mit einem sauberen Küchentuch bedecken und den Teig an warmer zugfreier Stelle gehen lassen. Wenn er die doppelte Größe als zuvor hat, geht's weiter. Das dauert 15–20 Minuten.

6. Als Nächstes zwei bis drei Backbleche mit Backpapier auslegen. Den Teig noch einmal mit bemehlten Händen kneten, zu einer Rolle formen und in ca. 30 Stücke teilen. Jeden Teigling zu einer ca. 18 cm langen Rolle formen. Die Rollen zu einem S formen und dabei die Enden zur Mitte zu Kringeln aufrollen. Die Figuren mit ausreichendem Abstand auf das Backblech legen, wieder mit Küchentüchern bedecken und erneut 15–20 Minuten gehen lassen. Wenn die Luciakatzen doppelt so groß sind, geht's in den Endspurt.

7. Nun das zweite Ei verquirlen und die Katzen vorsichtig damit bepinseln. Rosinen als Augen hineindrücken und in den vorgeheizten Backofen schieben. 8 Minuten backen, dann mit Topfhandschuhen herausholen und auskühlen lassen.

IN SCHWEDEN WERDEN SIE LUCIAKATZEN GENANNT, OBWOHL SIE NUR EIN BISSCHEN WIE KATZENGESICHTER AUSSEHEN.

QUARKPFANNKUCHEN
(Syrniki) aus der Ukraine

FÜR 20–25 STÜCK BRAUCHST DU:
2 Eier • 2 EL Zucker • 500 g Quark • 3 EL Mehl • 1 TL Backpulver
etwas Mehl zum Panieren • etwa 6 EL Margarine zum Backen

So wird's gemacht:

1. Die Eier in eine Schüssel schlagen (auf Seite 10 steht, wie's geht!), den Zucker zugeben und mit einem Schneebesen rühren, bis die Masse schaumig ist. Dann den Quark zugeben und verrühren.

2. Das Mehl mit dem Backpulver vermischen und in die Schüssel geben. Nun so lange rühren, bis keine Klumpen mehr zu sehen sind.

3. Als Nächstes etwas Mehl in einen Suppenteller geben. Nun 1 EL Teig in das Mehl rutschen lassen. Jetzt den Teller leicht hin und her kippen, damit der Teig von allen Seiten mit Mehl bedeckt wird. So der Reihe nach kleine Pfannkuchen formen.

4. 1 EL Margarine in einer Bratpfanne schmelzen lassen. Mit einem Esslöffel die Pfannkuchen hineinsetzen und von jeder Seite etwa 3 Minuten backen, bis sie goldbraun sind.

5. Den Backofen auf 100 °C vorheizen und die fertigen Pfannkuchen auf einem Teller darin warm stellen, bis der ganze Teig aufgebraucht ist.

TIPP:
DIE SYRNIKI ISST MAN WARM UND STREICHT SAURE SAHNE, SCHMAND, HONIG ODER MARMELADE DARAUF.

HÜHNERBRÜHE

(Rosół) aus Polen

FÜR 6–8 PERSONEN BRAUCHST DU:

1 Huhn ca. 1,5 Kilo • 2 große Möhren • 1 Petersilienwurzel • ¼ Selleriewurzel ½ Stange Lauch • 1 Zwiebel • 2 Lorbeerblätter • 3 Pimentkörner • 1 TL Pfefferkörner 1 Handvoll Petersilie und/oder frischen Liebstöckel • 2 TL Salz

So wird's gemacht:

1. Das Huhn in 2 Litern Wasser 2 Stunden einweichen lassen. Dann das Wasser abgießen und das Huhn mit 2 Litern frischem Wasser in einen Topf geben. Bei geringer Hitze 1 Stunde köcheln lassen.

2. Möhren, Petersilienwurzel und Selleriewurzel schälen und am Stück hinzugeben. Lauch ebenfalls zum Huhn geben.

3. Die Zwiebelschale abziehen, dann die Zwiebel halbieren und in einer Pfanne ohne Fett auf der Schnittseite anrösten. Dann zur Brühe geben. Lorbeerblätter, Pimentkörner und Pfefferkörner ebenfalls zugeben. Alles bei geringer Hitze 2 Stunden garen lassen. Kurz vor Ende der Garzeit das Salz zufügen.

4. Das Huhn und die Möhren vor dem Servieren herausnehmen und etwas abkühlen lassen. Das Fleisch von den Knochen lösen und in Stücke scheiden.

5. Petersilie und/oder Liebstöckel klein schneiden und die Brühe damit garnieren. Die Möhren in Scheiben schneiden und auf einen Teller legen. Nun kann jeder Gemüse und Fleisch nach Belieben in einen tiefen Teller geben und mit der Brühe auffüllen.

TIPP:

DIESE HÜHNERSUPPE WÄRMT HERRLICH VON INNEN AN KALTEN WINTERTAGEN UND SIE IST AUCH IDEAL, WENN JEMAND KRANK IST.

BOHNENSUPPE

(Fasolada) aus Griechenland

FÜR 4–6 PERSONEN BRAUCHST DU:

250 g getrocknete weiße Bohnen • 4 l Wasser zum Einweichen
1 l Wasser zum Kochen • 2 Möhren • 1 grüne Paprikaschote • 1 Sellerieblatt
¼ Knollensellerie • 1 Gemüsezwiebel • 2 EL Öl • ¼ TL Salz
2–3 Messerspitzen gemahlenen Pfeffer • 820 g geschälte Tomaten (1 große Dose)
1 TL Oregano

So wird's gemacht:

1. Die Bohnen in einem Topf mit reichlich Wasser (etwa 4 l) über Nacht einweichen lassen. Am nächsten Tag die Bohnen in ein Sieb gießen und unter fließendem warmem Wasser abspülen.

2. Nun frisches Wasser (1 l) in einen großen Topf füllen und die eingeweichten Bohnen zugeben. Den Topfdeckel auflegen und 45 Minuten bei geringer Hitze kochen lassen.

3. In der Zwischenzeit die Möhren, die Paprikaschote und das Sellerieblatt waschen. Die Paprikaschote aufschneiden und die weißen Kerne und die Scheidewände mit einem Messer entfernen.

Die Möhren, die Sellerieknolle und die Gemüsezwiebel schälen, dann alles in kleine Würfel schneiden. Das Sellerieblatt fein hacken und zur Seite stellen.

4. Nun das Öl in einen anderen Topf gießen und erhitzen. Wenn sich Blasen zeigen, die Zwiebelwürfel zugeben (Vorsicht: Das Öl kann spritzen!) und sie goldbraun braten. Danach das klein geschnittene Gemüse zugeben, mit Salz und Pfeffer würzen und für 5 Minuten anbraten.

5. Danach kommt das Gemüse zu den Bohnen in den großen Topf. Alles für 25 Minuten bei geringer Hitze weiterkochen.

6. Jetzt die Dose Tomaten öffnen und die Tomaten zusammen mit dem klein geschnittenen Selleriegrün in den Topf geben. Dabei die Tomaten etwas zerdrücken. Aufkochen lassen, dann alles mit einem Kochlöffel umrühren und mit Salz, Pfeffer und Oregano abschmecken.

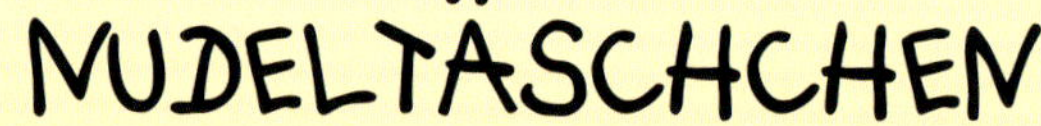

NUDELTÄSCHCHEN

mit Hackfleischfüllung (Manti) aus der Türkei

FÜR 6–8 PERSONEN BRAUCHST DU:

FÜR DEN NUDELTEIG:
4 Eier • 400 g Mehl • 1 TL Salz

FÜR DIE HACKFLEISCHFÜLLUNG:
1 Zwiebel • ½ Bund Petersilie • 250 g Rinderhackfleisch • ½ TL Salz • ½ TL Pfeffer ½ TL Rosenpaprikapulver • 3 EL Öl

FÜR DIE JOGHURTSOßE:
1 großen Becher (500 g) Joghurt • 2 Knoblauchzehen • Salz

AUßERDEM BRAUCHST DU:
2 l Wasser • 1 TL Salz • 150 g Butter • 1 TL Rosenpaprikapulver

So wird der Nudelteig gemacht:

1. Die Eier in einer Schüssel aufschlagen (auf Seite 10 steht, wie's geht!) und verrühren, das Mehl und das Salz hinzugeben und alles gut durchkneten, bis ein fester Teig entsteht. Dann in ein feuchtes Tuch einschlagen und für 30 Minuten im Kühlschrank ruhen lassen.

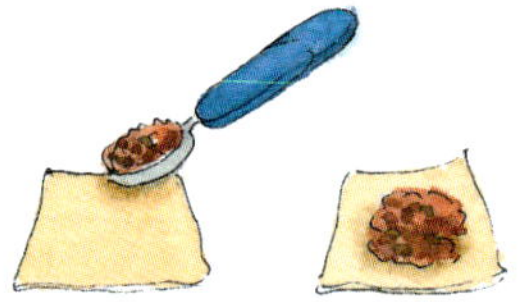

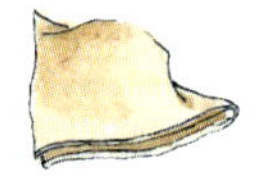

2. Die Arbeitsfläche und ein Nudelholz mit etwas Mehl bestreuen (dann klebt der Teig nicht fest!) und den Teig ganz dünn (2 mm) ausrollen.

3. Als Nächstes den Teig in 4–5 cm große Quadrate schneiden. In die Mitte jeweils mit einem Teelöffel etwas Hackfleischfüllung geben (auf der rechten Seite steht, wie die gemacht wird) und den Teig zu einem Dreieck zusammenklappen. Die Ränder mit feuchten Fingern (einfach in ein Wasserglas tauchen!) festdrücken.

So wird die Hackfleischfüllung zubereitet:

1. Die Zwiebel schälen und fein hacken. Die Petersilie abbrausen, trocken tupfen und auch fein hacken.

2. Das Hackfleisch in einer Schüssel mit Zwiebel und Petersilie vermischen und mit Salz, Pfeffer und Paprikapulver würzen.

3. Nun das Öl in einer Bratpfanne erhitzen. Dann die Hackfleischmasse hineingeben (Vorsicht, das Öl spritzt leicht!) und sie anbräunen lassen. Hin und wieder umrühren. Wenn das Hackfleisch gar ist, von der Herdplatte nehmen und abkühlen lassen.

So wird die Joghurtsoße zubereitet:

Den Joghurt in eine Schüssel geben. Die Knoblauchzehen schälen, durch eine Knoblauchpresse drücken und zum Joghurt geben. Gut umrühren und mit Salz abschmecken.

So geht's mit den Nudeltäschchen weiter:

1. Das Wasser in einem großen Topf mit dem Salz zum Kochen bringen.

2. Jetzt die Nudeltäschchen mit einem Schöpflöffel vorsichtig in das kochende Wasser geben und für etwa 10 Minuten bei geringer Hitze kochen lassen.

3. Anschließend durch ein Sieb abgießen (auf Seite 10 steht, wie's geht!), abtropfen lassen und in eine Schüssel füllen.

4. Die Butter in einem kleinen Topf bei geringer Hitze schmelzen lassen und vor dem Servieren mit etwas Rosenpaprikapulver über die Nudeltäschchen geben. Die Nudeltäschchen mit der Joghurtsoße servieren.

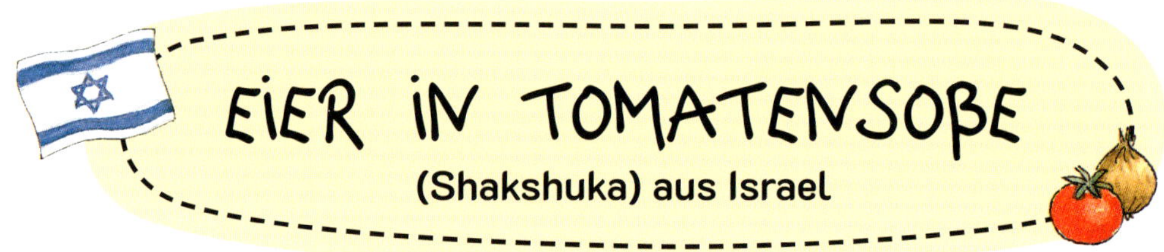

EIER IN TOMATENSOßE

(Shakshuka) aus Israel

FÜR ETWA 4 PORTIONEN BRAUCHST DU:

1 Zwiebel • 1 Knoblauchzehe • 2 EL Olivenöl • 3 Dosen Tomaten, stückig
3–4 EL Tomatenmark • 1 TL Paprikapulver, edelsüß • ½ TL Salz und Pfeffer • 4 Eier
½ Packung Petersilie (TK) oder 1 Bund frische Petersilie
Dazu: Baguette oder Fladenbrot

So wird's gemacht:

1. Den Backofen auf 180 °C vorheizen.

2. Die Zwiebel und Knoblauchzehe in kleine Würfel schneiden. Dann das Olivenöl in einen Bräter geben und erhitzen. Darin die Zwiebel- und Knoblauchstückchen bei geringer Hitze anbraten, bis sie goldgelb sind.

3. Nun die Tomaten zugeben und die Soße aufkochen lassen. (Vorsicht, das kann spritzen!) Das Tomatenmark einrühren, die Gewürze zugeben und ohne Deckel in ca. 20 Minuten einkochen lassen, bis die Masse dicklich ist.

4. Jetzt mit einem Esslöffel vier Mulden in die Tomatenmasse drücken. Nacheinander die Eier aufschlagen (auf Seite 10 steht, wie's geht!) und in jede Mulde ein rohes Ei gleiten lassen. Nun den Bräter auf der mittleren Schiene in den vorgeheizten Backofen schieben und die Tomaten-Ei-Masse in ca. 15 Minuten stocken lassen.

Dazu dein Lieblingsbrot servieren.

Joshuas Orangensoße

mit Reis aus Israel

Für die Orangensoße brauchst du:

6 ungespritzte Orangen • 6 EL Sahne • 2 EL Honig • 2 EL gemahlene Mandeln
Dazu gibt es körnig gekochten Reis (200 g).

So wird's gemacht:

1. Als Erstes die Schale einer der ungespritzten Orangen mit einer Reibe abreiben.

2. Dann alle Orangen halbieren, den Saft auspressen und in eine Rührschüssel gießen.

3. Jetzt die abgeriebene Orangenschale, die Sahne, den Honig und die gemahlenen Mandeln zugeben und alles mit einem Schneebesen verrühren. Dann die Orangensoße für 1 Stunde im Kühlschrank kalt stellen.

Tipp:
Zu der Orangensoße warmen Reis servieren.

Diese Soße schmeckt auch prima zu gebratenem Fleisch! Oder mit Grießbrei als Supernachtisch!

KARIBA-SCHINKEN

(Ham Kariba) aus Kenia

1 Ei • 2 große weiche Avocados • 3 EL Zitronensaft • 2 Tomaten • 1 kleine Zwiebel
50 g Erdnusskerne • ½ Kopfsalat • 4 EL Salatmayonnaise • ½ TL Salz
2 Prisen Cayennepfeffer • 4 große Scheiben (ca. 200 g) gekochten Schinken

So wird's gemacht:

1. Das Ei hart kochen (auf Seite 10 steht, wie's geht!), abkühlen lassen, pellen, klein schneiden und zur Seite stellen.

2. Nun die Avocados halbieren, die Steine herauslösen, das Fruchtfleisch vorsichtig aus den Schalen löffeln und es in dünne Streifen schneiden. Sofort den Zitronensaft über die Avocadostreifen geben, sonst werden sie braun.

3. Die Tomaten waschen, von den Stielansätzen befreien und in dünne Scheibenschneiden. Dann die Zwiebel schälen und in kleine Würfel schneiden. Die Erdnüsse fein hacken.

TIPP:
DAZU SCHMECKT FRISCH GERÖSTETES TOASTBROT.

4. Nun den Salat abbrausen und trocken tupfen (auf Seite 11 steht, wie's geht!), die Salatblätter in dünne Streifen schneiden.

5. Jetzt die Salatmayonnaise, das Salz und den Cayennepfeffer in eine Rührschüssel geben und alles mit einem Schneebesen verrühren. Dann alle klein geschnittenen Zutaten zugeben und vorsichtig mit einem Kochlöffel umrühren.

6. Zum Schluss die Schinkenscheiben auf einen großen Teller legen, die Füllung gleichmäßig darauf verteilen und die Schinkenscheiben locker zu „Tüten" zusammenschlagen.

(Alloko) mit Gemüsesoße von der Elfenbeinküste

1 Paprikaschote • 2 Tomaten • 1 scharfe Peperoni • 1 Zwiebel
4 EL Öl plus etwas zum Braten • Salz und Pfeffer • 4 mittelgroße Kochbananen

So wird's gemacht:

1. Zuerst bereitet ihr die Gemüsesoße vor. Dafür das Gemüse gut waschen.

2. Nun die Paprikaschote und die Peperoni aufschneiden und die weißen Kerne entfernen, dann in Streifen und danach in kleine Würfel schneiden.

3. Die Tomaten von den Stielansätzen befreien und in Würfel schneiden.

4. Die Zwiebel schälen, halbieren und auch in Würfel schneiden.

5. Nun das Öl in einen Topf geben und warten, bis es heiß ist. Das klein geschnittene Gemüse vorsichtig (damit das Öl nicht spritzt!) in den Topf füllen, alles mit Salz und Pfeffer würzen und 20 Minuten bei geringer Hitze köcheln lassen. Dabei hin und wieder umrühren.

6. In der Zwischenzeit die Kochbananen schälen und in Scheiben schneiden, dann salzen.

7. Nun Öl in eine Bratpfanne geben. Wenn es heiß ist, einige Bananenscheiben in die Pfanne legen und zuerst von der einen Seite goldbraun braten lassen. Dann wenden und die andere Seite braten.

8. Die gebratenen Bananenscheiben können auf einem Teller im Backofen warm gestellt werden (auf 100 °C vorgeheizt), bis alle Bananen fertig sind.

9. Zu den gebratenen Bananen die Gemüsesoße servieren.

TIPP:

WENN KEINE KOCHBANANEN ZU BEKOMMEN SIND, STATTDESSEN SÜßKARTOFFELN (BATATEN) ODER NOTFALLS NORMALE KARTOFFELN NEHMEN, IN DÜNNE SCHEIBEN GESCHNITTEN.

ERDNUSS-HÄHNCHEN

(Nikatse Nkwa) von der Elfenbeinküste

FÜR 4 PORTIONEN BRAUCHST DU:

1 Glas (175 g) Erdnussbutter • ½ l Wasser • 4 Hähnchenbrustfilets (1 kg) • Salz Pfeffer • 3 EL Öl • 5 Möhren • 1 Zwiebel • 3 Tomaten

So wird's gemacht:

1. Die Erdnussbutter und das Wasser in einen großen Topf geben und langsam erhitzen. Dabei mit einem Schneebesen gut umrühren und vielleicht noch ein bisschen Wasser zufügen, sodass eine glatte, cremige Soße entsteht. Dann den Topf vom Herd nehmen.

2. Das Hähnchenfleisch kalt abwaschen, trocken tupfen, auf ein Küchenbrett legen und von beiden Seiten mit Salz und Pfeffer würzen. Dann mit einem Küchenmesser in kleine Stücke zerteilen.

3. Das Öl in einer Bratpfanne erhitzen und die Fleischstückchen vorsichtig mit einem Pfannenwender hineingeben. Nun müssen die Fleischstücke von jeder Seite 3 Minuten braten, bis sie leicht gebräunt sind. Dann mit dem Pfannenwender herausnehmen und in den großen Topf zu der Erdnuss-Soße geben.

4. Jetzt wird das Gemüse vorbereitet. Die Möhren waschen, mit dem Sparschäler schälen, in dünne Scheiben schneiden.

5. Die Zwiebel schälen, halbieren, in dünne Ringe schneiden.

6. Die Tomaten waschen, von den Stielansätze befreien und in dünne Scheiben schneiden.

7. Nun die einzelnen Gemüsesorten nacheinander in der Pfanne mit Öl braten, in der vorher das Fleisch war. Was fertig ist, jeweils mit dem Pfannenwender herausnehmen und zu dem Fleisch und der Erdnuss-Soße in den großen Topf geben: Zuerst die Möhrenscheiben für etwa 7 Minuten braten, dann die Zwiebelringe, bis sie goldbraun sind, zuletzt die Tomatenscheiben, die brauchen nur 2 Minuten und werden während des Bratens etwas gesalzen und gepfeffert.

8. Nun den großen Topf wieder auf den Herd stellen und alles miteinander für 15–20 Minuten bei geringer Hitze köcheln lassen. Dabei hin und wieder umrühren, damit nichts ansetzt. Sollte die Soße zu dick werden, noch ein wenig Wasser zugießen und nachwürzen. Dazu passt gekochter Reis.

KICHERERBSEN-BÄLLCHEN

(Falafel) aus Syrien

FÜR ETWA 40 FALAFEL BRAUCHST DU:

250 g getrocknete Kichererbsen (oder gelbe oder grüne Erbsen)
2 Zwiebeln • 2 Knoblauchzehen • 1 Bund Petersilie • je 1 TL gemahlener Koriander
Kreuzkümmel und edelsüßer Paprika • 2 TL Salz • 1 TL Backpulver
3/4 l Pflanzenöl zum Frittieren

So wird's gemacht:

1. Die Hülsenfrüchte über Nacht in Wasser einweichen.

2. Am nächsten Tag Zwiebeln und Knoblauch schälen und grob hacken. Die Kräuter abbrausen, trocken tupfen und alles zusammen mit den abgetropften Hülsenfrüchten in die Küchenmaschine geben und so fein wie möglich zerkleinern.

3. Alle Gewürze, das Salz sowie Backpulver dazugeben und zu einem Teig verkneten. Dann etwa 40 kleine Bällchen aus dem Falafelbrei formen.

4. Nun das Öl in einem weiten Topf heiß werden lassen (Vorsicht, das kann spritzen!) und die Bällchen darin nach und nach jeweils 4-5 Minuten frittieren, bis sie schön goldbraun sind. Anschließend auf Küchenkrepp abtropfen lassen. Sie schmecken kalt oder warm und am allerbesten in Fladenbrot verpackt mit ein paar Salatblättern, Tomaten- und Gurkenscheiben und Hummus oder Joghurt als Soße.

!?

FALAFEL SIND IN DEN LÄNDERN SYRIEN, LIBANON, JORDANIEN, IRAK DAS, WAS BEI UNS FRIKADELLEN ODER KARTOFFELPUFFER SIND. SIE SIND EIN TYPISCHES BAUERNREZEPT. DIE ARABISCHEN FELLACHEN, ALSO DIE BAUERN, ESSEN IHRE FALAFEL MITTAGS AUF DEM FELD. NICHT SO, WIE DU ES VIELLEICHT IN DEUTSCHEN IMBISSBUDEN SIEHST, SONDERN GANZ OHNE BESTECK, IN FLADENBROT GEROLLT. DAS IST PRAKTISCHER. KINDER BEKOMMEN SIE ALS ROLLE IM FLADENBROT IN DIE HAND GEDRÜCKT.

GRIEß HALWA

(Suji Ka Halwa) aus Indien

FÜR 6–8 PERSONEN BRAUCHST DU:

30 Kapseln Kardamom oder 1 TL gemahlenes Kardamom
100 g Butter • 4 Lorbeerblätter • 75 g Rosinen • 75 g halbierte Cashewnüsse
300 g Hartweizengrieß • 200 g Zucker • 700 ml Milch

AUßERDEM BRAUCHST DU:

Mörser

So wird's gemacht:

1. Als Erstes das Kardamom vorbereiten. Dazu die Schale entfernen, mit einem Messer die schwarzen Körner herauskratzen und im Mörser zu grobem Pulver zerstoßen. (Die Eltern um Hilfe bitten!)

2. Die Butter in eine Pfanne geben und bei mittlerer Hitze schmelzen lassen.

3. Nun nacheinander die Lorbeerblätter, die Rosinen und die halbierten Cashewnüsse zugeben und kurz anbraten lassen.

4. Nach 2–3 Minuten den Hartweizengrieß und den Zucker zugeben und alles mit einem Kochlöffel verrühren. Ganz wichtig: von nun an immer weiter rühren!

5. Jetzt nach und nach vorsichtig die Milch unterrühren. Immer weiter rühren, bis die Masse nach etwa 5 Minuten dick wird. Das Kardamom zufügen.

6. Vor dem Servieren den Grieß Halwa abkühlen lassen und noch die Lorbeerblätter entfernen.

!?

DER GRIEß HALWA WIRD IN INDIEN ERST SERVIERT, WENN ER KÜHL IST. NACH DEM ESSEN TRINKT MAN TEE. VIEL SPAß BEIM NACHKOCHEN!

GLÜCKSKEKSE

FÜR CA. 20 KEKSE BRAUCHST DU:

60 g Butter • 50 g Mehl • 60 g Puderzucker • 2 Eiweiß
10 g Speisestärke • 4 TL Öl

So wird's gemacht:

1. Die Butter in einem Topf auf dem Herd langsam schmelzen, dann vom Herd nehmen. Mehl und Puderzucker hineinsieben und alles verrühren. Alle weiteren Zutaten zufügen und ebenfalls unterrühren. Den Teig für 30 Minuten ruhen lassen.

2. Den Backofen auf 180 °C vorheizen. Ein Blech mit Backpapier belegen. Mit einem Löffel jeweils eine kleine Menge Teig (ca. 1 Teelöffel) kreisförmig (o 9 cm) auf das Backpapier streichen.

3. Die Glückskekse etwa 7 Minuten backen, bis die Ränder goldgelb sind.

4. Das Blech aus dem Ofen nehmen (Vorsicht, heiß!) und die Kekse mit einem Pfannenwender sofort vom Papier lösen.

5. Eine Glücksbotschaft auf einen kleinen Zettel schreiben und diese mittig auf den Keks legen, dann den Keks mittig falten und die Ränder gut andrücken.

6. Den Keks dann auf einen Glasrand legen und die Enden nach unten drücken – so erhält er seinen typischen Knick. Anschließend gut auskühlen lassen.

FEUERTOPF

(Huǒguō) aus China

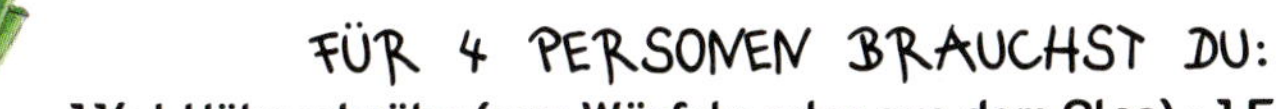

FÜR 4 PERSONEN BRAUCHST DU:

1½ l Hühnerbrühe (aus Würfeln oder aus dem Glas) • 1 EL Sojasoße

DAZU GIBT ES:

400 g Putenschnitzel • 300 g Hähnchenbrustfilet • 750 g kleine Champignons
2 Bund Frühlingszwiebeln • 1 kleinen Kopf Chinakohl • 250 g Möhren
8 EL Sojasoße • etwas Pflaumensoße (gibt es fertig zu kaufen)

AUßERDEM SCHMECKEN DAZU:

150 g Glasnudeln (aus dem Asien-Shop)

So wird's gemacht:

1. Die Hühnerbrühe nach Anweisung in einem Kochtopf zubereiten, mit der Sojasoße abschmecken und dann in einen Fonduetopf füllen. Die Eltern sollten die Flamme unter dem Fonduetopf einstellen!

2. Das Fleisch kalt abspülen, mit Küchenpapier trocken tupfen, mit einem scharfen Messer in dünne, feine Streifen schneiden und auf einen oder zwei Teller verteilen. (Dabei von deinen Eltern helfen lassen!)

3. Das Gemüse putzen, die größeren Pilze halbieren, alles andere in dünne Streifen schneiden und in kleinen Schüsseln auf den Tisch stellen.

4. Nun die Sojasoße in vier kleine Schälchen geben, die Pflaumensoße auf den Tisch stellen.

Und so „kocht" jeder für sich:

1. Fleisch und Pilze aufspießen und in den Fonduetopf halten. Wenn das Fleisch weiß aussieht, ist es gar. Wer mag, tunkt es kurz in die Soßen. Dazu isst man das rohe, klein geschnittene Gemüse und die nach Anweisung gekochten Glasnudeln.

2. Zum Schluss wird die Hühnerbrühe aus dem Fonduetopf in kleine Schälchen gegossen und genüsslich ausgeschlürft.

ANANAS-PFANNE

(Pancl Buah Nanas) aus Malaysia

FÜR 4 PERSONEN BRAUCHST DU:

1 frische Ananas • 2 l Wasser • 1 EL Zucker • 1 TL Kurkuma, gemahlen • 2 Zwiebeln 2 Knoblauchzehen • 3 EL Öl • 2 ganze Sternanis • 1 Zimtstange • 3 Gewürznelken 50 g frische Ingwerwurzel • 1 kleine Tasse (1/8 l) Wasser • 1 TL Salz • 1 EL Zucker

So wird's gemacht:

1. Die Ananas schälen (auf Seite 11 steht, wie's geht!), vierteln und in Stücke schneiden. Dabei von den Eltern helfen lassen!

2. Nun das Wasser in einen Topf füllen. Die Ananasstücke hineingeben (sie sollten vom Wasser bedeckt sein). Mit Zucker und Kurkuma bestreuen und 10 Minuten kochen lassen.

3. In der Zwischenzeit die Zwiebeln und die Knoblauchzehen schälen. Die Zwiebeln halbieren und in kleine Würfel schneiden, den Knoblauch durch die Knoblauchpresse drücken.

4. Das Öl in einer großen Bratpfanne erhitzen. Wenn sich kleine Bläschen bilden (Vorsicht, das Öl kann spritzen!), die Zwiebelwürfel, den gepressten Knoblauch, den Sternanis, die Zimtstange und die Gewürznelken zugeben und für 2–3 Minuten anbraten lassen. Anschließend mit einem Kochlöffel umrühren.

5. Nun mit einem Sparschäler die Ingwerwurzel ganz dünn schälen und auf einer Reibe fein reiben. (Vorsicht: Dabei besonders auf die Fingerspitzen achten!) Jetzt den geriebenen Ingwer mit der Tasse Wasser, Salz und Zucker in die Bratpfanne geben. Alles für 5 Minuten kochen lassen, bis ein Großteil des Wassers verdampft ist.

6. Dann die Herdplatte ausschalten, die heißen Ananasstücke durch ein Sieb abgießen, sie mit in die Pfanne geben und alles noch zugedeckt 5 Minuten stehen lassen, damit das Aroma der Gewürze durchziehen kann. Vor dem Servieren die Zimtstange herausnehmen.

TIPP:

GIBT ES DIE ANANAS-PFANNE ALS HAUPTGERICHT, GEKOCHTEN REIS DAZU SERVIEREN. SIE KANN ABER AUCH ALS HERZHAFTES DESSERT ODER ALS KLEINE ZWISCHENMAHLZEIT GEGESSEN WERDEN.

OMELETT REIS

(Omurice) aus Japan

FÜR DIE REISFÜLLUNG BRAUCHST DU:

225 ml Wasser • 225 g Reis • 150 g Hähnchenbrustfilet • Salz • Pfeffer • ½ Zwiebel 2 EL Öl • 2 TL Erbsen (frisch oder TK) • 3 EL Tomatenketchup • 4 EL Butter

FÜR DEN OMELETTTEIG BRAUCHST DU:

8 Eier • Salz • Pfeffer • 2 EL Öl • 2 EL Butter
zum Verzieren: etwas Ketchup und Petersilie

So wird die Reisfüllung gemacht:

1. Als Erstes Wasser und Reis in einen Topf mit Deckel füllen und die Herdplatte auf hohe Temperatur schalten. Hin und wieder umrühren. Wenn das Wasser kocht, die Hitze reduzieren. Nach etwa 20 Minuten ist der Reis gar.

2. In der Zwischenzeit das Hähnchenfleisch kurz mit Wasser abspülen, trocken tupfen und in kleine (1,5 cm große) Stückchen schneiden. Anschließend mit Salz und Pfeffer würzen.

3. Nun die halbe Zwiebel schälen und in feine Würfel schneiden.

4. Das Öl in eine Pfanne geben und erhitzen, bis sich Blasen zeigen. Jetzt mit einem Pfannenwender das klein geschnittene und gewürzte Hähnchenfleisch hineingeben (Vorsicht: Das Öl kann spritzen!). Das Fleisch von allen Seiten für 3–4 Minuten anbraten lassen, bis es hellbraun aussieht.

5. Als Nächstes die Zwiebelwürfel zugeben. Wenn sie goldbraun sind, kommen die Erbsen und der Tomatenketchup in die Pfanne. Vorsichtig (damit die Erbsen nicht zerquetscht werden!) umrühren, dann die Butter zugeben und alles bei mittlerer Hitze weiterkochen lassen.

6. Wenn die Butter geschmolzen ist, den gekochten Reis zugeben und mit den anderen Zutaten vermischen. Nun noch mit Tomatenketchup, Salz und Pfeffer abschmecken, dann die Reisfüllung vom Herd nehmen.

So wird das Omelett gemacht:

1. Die Eier in eine Schüssel schlagen (auf Seite 10 steht, wie's geht!), mit Salz und Pfeffer würzen und mit einem Schneebesen gut verrühren.

2. ½ EL Öl und ½ EL Butter in eine Bratpfanne geben und erhitzen, bis sich kleine Blasen zeigen. Nun mit einer Suppenkelle ein Viertel von der Eiermasse in die Pfanne geben (Vorsicht, das heiße Öl kann spritzen!). Damit sich der Teig gleichmäßig verteilt, die Pfanne etwas schräg halten.

3. Nach 5 Minuten, wenn der Teig halb fertig gebacken ist, die Herdplatte ausschalten. Nun 4–5 Löffel von der Reisfüllung in die Mitte des Omeletts geben und dort gleichmäßig mit dem Löffel zu einem schmalen Streifen verteilen.

4. Mit dem Pfannenwender nun vorsichtig den Omelettteig über die Reisfüllung legen, sodass eine Tasche entsteht. Die Teigränder leicht andrücken, damit kein Reis mehr zu sehen ist.

5. Jetzt das Omelett vorsichtig aus der Pfanne auf einen Teller rutschen lassen.

6. Das Omelett in den auf 100 °C erhitzen Backofen stellen, die Herdtemperatur wieder auf mittlere Hitze erhöhen und auf die gleiche Weise noch 3 gefüllte Omeletts backen.

7. Zum Schluss jedes Omelett noch mit etwas Ketchup und Petersilie verzieren.

SEITDEM FELIX IN JAPAN WAR, WEIß ER AUCH, WIE MAN MIT STÄBCHEN ISST:

Das eine Stäbchen legst du auf das Gelenk des Ringfingers, oben schaut es zwischen Daumen und Zeigefinger heraus.

Das andere Stäbchen bewegst du mit Daumen und Zeigefinger um das Essen festzuklemmen. Beide Stäbchen führst du zum Mund.

Noch besser geht es, wenn das Essen in einer kleinen Schüssel und nicht auf einem flachen Teller liegt!

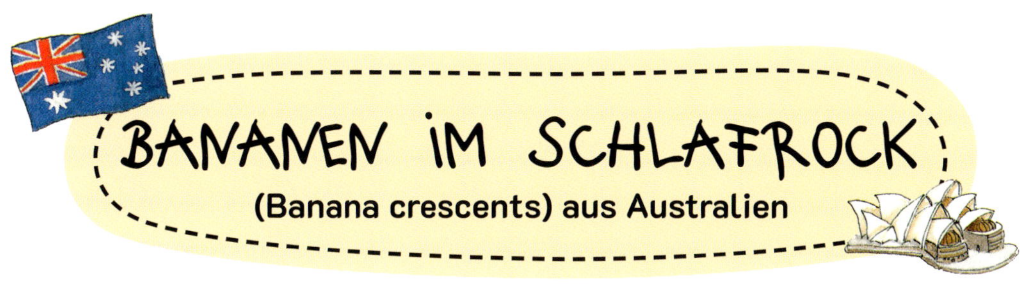

BANANEN IM SCHLAFROCK

(Banana crescents) aus Australien

FÜR 8 BANANEN BRAUCHST DU:

1 Rolle (450 g) Blätterteig (TK) • 8 kleine reife Bananen • Saft von 1 Zitrone • 1 Ei
1 EL Milch • 3 EL Erdbeermarmelade (oder deine Lieblingsmarmelade)
6 EL Mandelblättchen

So wird's gemacht:

1. Den Backofen auf 180 °C vorheizen und ein Backblech mit Backpapier auslegen.

2. Nun die Blätterteigscheiben auf das Backpapier legen, in acht Quadrate schneiden und etwa 10 Minuten auftauen lassen.

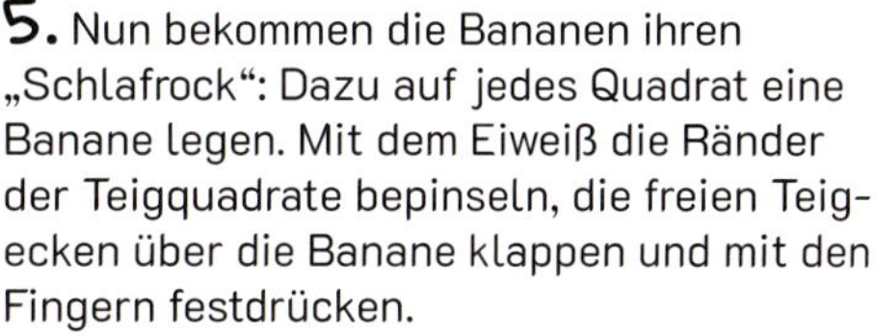

3. In der Zwischenzeit die Bananen schälen und mit dem Zitronensaft bestreichen.

4. Als Nächstes das Ei in Eiweiß und Eigelb trennen (auf Seite 10 steht, wie's geht!).

5. Nun bekommen die Bananen ihren „Schlafrock“: Dazu auf jedes Quadrat eine Banane legen. Mit dem Eiweiß die Ränder der Teigquadrate bepinseln, die freien Teigecken über die Banane klappen und mit den Fingern festdrücken.

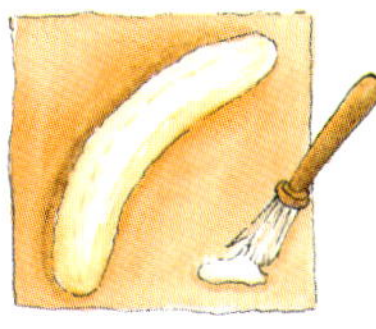

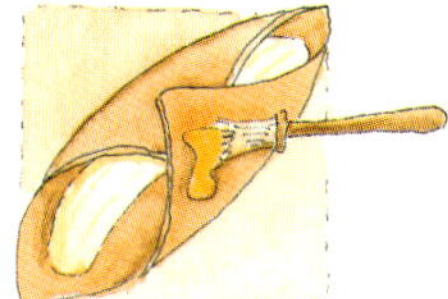

6. In einer kleinen Tasse das Eigelb mit der Milch verrühren. Jetzt den Teig mit der Eigelbmischung bepinseln und anschließend das Backblech für 20 Minuten in den heißen Backofen schieben.

7. Zum Schluss die Marmelade in einen kleinen Topf geben und bei geringer Hitze flüssig werden lassen. Nach Ende der Backzeit damit die noch warmen Bananen im Schlafrock bestreichen (Vorsicht: Topfhandschuhe benutzen, denn das Backblech ist ganz heiß!) und mit Mandelblättchen bestreuen.

TIPP:

DIE BANANEN IM SCHLAFROCK SCHMECKEN WARM BESONDERS GUT!

KARTOFFELECKEN

(Wedges) mit Sour Cream aus Australien

FÜR 4–6 PERSONEN BRAUCHST DU:

3 EL Olivenöl • 1 EL Salz • 1 TL Pfeffer, gemahlen • 1 EL Paprikapulver, edelsüß
1 kg Kartoffeln

FÜR DIE SOUR CREAM BRAUCHST DU:

4 EL Mayonnaise • 4 EL Magerquark • 4 EL Crème fraîche • 4 EL saure Sahne
1 Bund Schnittlauch • 1 Knoblauchzehe • Salz und Pfeffer • 1 Prise Zucker

So wird's gemacht:

1. Zuerst die Sour Cream vorbereiten. Alle Zutaten gut miteinander verrühren und für ca. 1 Stunde in den Kühlschrank stellen.

2. Jetzt sind die Kartoffelecken dran. Den Backofen auf 200 °C vorheizen. Ein Backblech mit Backpapier auslegen.

3. In einer großen Rührschüssel das Öl mit Salz, Pfeffer und Paprikapulver mit einem Schneebesen vermischen.

4. Die Kartoffeln waschen und vierteln. Die Kartoffelecken in die Schüssel geben und gründlich verrühren, sodass alle von der Marinade bedeckt sind.

5. Nun die Kartoffelecken auf dem Backblech verteilen und in den vorgeheizten Backofen schieben. Nach 30–40 Minuten sind sie gar. Den Test machen: Wenn man mit einer Gabel hineinpiksen kann, sind sie gut. Warm und mit der Sour Cream servieren.

TIPP:
DAZU PASST EIN FRISCHER SALAT (SEITE 24).

KOKOS-KÜRBIS-AUFLAUF

(Pumpkin Pilhi) aus der Südsee

FÜR 1 AUFLAUFFORM BRAUCHST DU:

1 kg Kürbisfleisch • etwa ½ l Wasser • 300 g Kokosraspel • ⅛ l Wasser
100 g Farinzucker • 125 g Mehl • 1 TL Salz • 2 Messerspitzen Piment, gemahlen
3 EL Butter zum Ausfetten der Auflaufform
3 EL Butter für die Butterflöckchen zum Draufgeben
2 EL Kokosraspel zum Bestreuen

So wird's gemacht:

1. Zuerst den Kürbis aufschneiden, das Kürbisfleisch herauslösen und in kleine Stücke schneiden. Dabei unbedingt von den Eltern helfen lassen.

2. Nun so viel Wasser in einen Topf füllen, dass es 2–3 cm über dem Topfboden steht, und die klein geschnittenen Kürbisstücke hineingeben. Für 15–20 Minuten kochen lassen, bis sie weich sind. Dann in ein Sieb geben und über der Spüle abtropfen und abkühlen lassen.

3. Die Kokosraspel in eine Schüssel füllen, das Wasser darübergießen und die Masse mit einem Kochlöffel umrühren.

4. Nun den Backofen auf 200 °C vorheizen.

5. Die abgetropften Kürbisstücke in eine große Rührschüssel geben und mit einem Pürierstab oder einem Kartoffelstampfer zu einem feinen Brei zerkleinern.

6. Jetzt zum Kürbisbrei den Zucker, das Mehl, die eingeweichten und abgegossenen Kokosraspel, Salz und Piment geben. Dann alles mit einem Kochlöffel gut verrühren.

7. Danach eine Auflaufform mit Butter ausfetten, die Kürbismasse hineinfüllen und Butterflöckchen darauf verteilen. Zuoberst die restlichen Kokosraspel streuen und die Auflaufform für 60 Minuten in den heißen Backofen schieben.

8. Wenn die Kokosraspel braun werden sollten, mit Alufolie abdecken. (Vorsicht: Topfhandschuhe benutzen, denn die Auflaufform ist ganz heiß!)

DIESER KOKOS-KÜRBIS-AUFLAUF WIRD HEIß SERVIERT. IN DER SÜDSEE ISST MAN DAZU GEBRATENES FLEISCH, ABER MIR UND SOPHIE SCHMECKT DER AUFLAUF AUCH „OHNE ALLES"!

SCHOKOKEKSE

(Chocolate Chip Cookies) aus Kanada

FÜR 1 BLECH BRAUCHST DU:

270 g Mehl • ½ TL Backnatron • ½ TL Salz • 170 g Butter • 200 g braunen Zucker
100 g Zucker • 1 Ei • 1 EL Vanilleextrakt
350 g Schokotropfen (Kakaoanteil mindestens 70 %)

So wird's gemacht:

1. Als Erstes den Backofen auf 165 °C vorheizen. Ein Backblech mit Backpapier auslegen.

2. Dann Mehl und Backnatron in eine Schüssel geben, das Salz untermischen. Nun die Butter in einem Topf bei kleiner Hitze schmelzen lassen. (Vorsichtig, das Fett ist sehr heiß!) Von einem Erwachsenen helfen lassen.

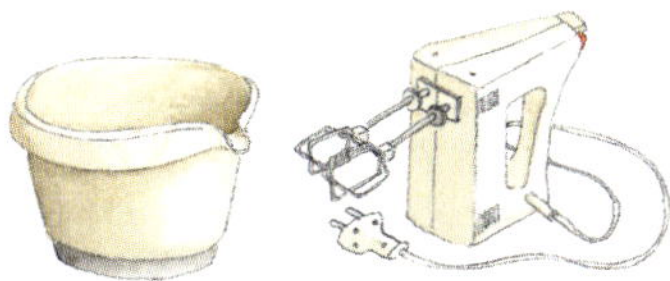

3. Nun Butter und Zucker in die Schüssel zugeben und mit dem Mixer verrühren, bis ein glatter Teig entsteht. Dann das Ei aufschlagen (auf Seite 10 steht, wie's geht!) und mit dem Vanilleextrakt zufügen, anschließend alles gut verrühren. Ganz zum Schluss die Schokotropfen zugeben und vorsichtig mit einem Holzlöffel unterheben.

4. Nun mit einem Teelöffel lauter kleine Teighäufchen auf das mit Backpapier belegte Backblech geben. Wichtig ist, dass genug Abstand zwischen den Plätzchen ist, sie laufen beim Backen etwas auseinander.

5. Dann mit Topfhandschuhen das Backblech in den Ofen schieben. In 8–12 Minuten sind die Kekse fertig. Auf einem Kuchengitter auskühlen lassen. Dann in eine Keksdose füllen.

TIPP:

EIN ALTES STÜCK BROT MIT IN DIE DOSE GEBEN, DANN BLEIBEN DIE KEKSE SCHÖN FRISCH.

RIPPCHEN

(Spare Ribs) aus Amerika

FÜR 4 PERSONEN BRAUCHST DU:

1 Tasse Ketchup (ca. 150 g) • 1 EL Worcestersoße • 1 EL Sojasoße • 2 EL Ananassaft 1 TL braunen Zucker • 2 EL Essig • 1 TL Senf • 1½ kg Schälrippchen vom Schwein

So wird's gemacht:

1. Ketchup, Worcester- und Sojasoße, Ananassaft, Zucker, Essig und Senf mit einem Schneebesen in einer Rührschüssel verrühren.

2. Die Rippchen auf ein mit Backpapier belegtes Backblech legen und mit einem Backpinsel mit ca. der Hälfte dieser Soße bestreichen. Mit Alufolie abdecken und mindestens 1 Stunde (bei Raumtemperatur) durchziehen lassen.

3. Danach den Backofen auf 180 °C vorheizen und die Rippchen auf dem Backblech hineinschieben. Mit Alufolie bedeckt für 35–40 Minuten backen.

4. Dann das Blech aus dem Ofen nehmen (Vorsicht: Topfhandschuhe anziehen!), auf einem hitzebeständigen Untergrund abstellen, die Alufolie entfernen, die Rippchen mit dem Rest der Soße bepinseln und noch 10–15 weitere Minuten unbedeckt backen lassen.

5. Vor dem Servieren müssen die Rippchen in Portionen zerlegt werden. Dabei von den Eltern helfen lassen (je 3–4 Rippchen bleiben an einem Stück).

ECHTE HAMBURGER

aus Amerika

FÜR 4 HAMBURGER BRAUCHST DU:

750 g Rinderhackfleisch • 1 EL Worcestersoße oder Maggi • 1 TL Salz ¼ TL schwarzen Pfeffer • 1 EL Öl • 4 Hamburger-Brötchen

FÜR DEN BELAG BRAUCHST DU:

4 Zwiebeln • 2 Tomaten • einige Salatblätter • saure Gurken in Scheibchen • Senf Gewürzketchup • Remouladensoße

So wird's gemacht:

1. In einer Schüssel das Hackfleisch mit Worcestersoße, Salz und Pfeffer verkneten. Dann mit angefeuchteten Händen flache Scheiben daraus formen, die etwa handflächengroß sind.

2. Nun die Zwiebeln schälen, halbieren und in ganz feine Würfel hacken.

3. Das Öl in einer Pfanne erhitzen. Wenn sich kleine Blasen zeigen, die Zwiebelwürfel hineingeben (Vorsicht: Das Öl kann spritzen!) und sie goldbraun anbraten lassen. Dann mit einem Pfannenwender herausheben und auf einem kleinen Teller zur Seite stellen.

4. Nun die Hackfleischscheiben in die Pfanne geben. 3 Minuten von jeder Seite braten, bis sie schön gebräunt sind, und dann auf einen Teller legen.

5. Die Brötchen aufschneiden, die Tomaten waschen und in Scheiben schneiden, die Salatblätter abbrausen und trocken tupfen (auf Seite 11 steht, wie's geht!), die gebratenen Zwiebeln, Hackfleischscheiben und alle anderen Zutaten bereitstellen. Nun belegt sich jeder Gast seinen Hamburger nach Lust und Laune!

TIPP:

DAZU SCHMECKEN POMMES FRITES ODER DIE WEDGES VON S. 96.

PUFFMAIS

(Popcorn) aus Amerika

DAZU BRAUCHST DU PRO PORTION:

1 EL getrocknete Maiskörner • 1 EL Öl
zum Bestreuen: etwas Salz oder etwas Puderzucker

So wird's gemacht:

1. Das Öl in einem Topf erhitzen, bis sich kleine Bläschen bilden.

2. Jetzt die Maiskörner hineingeben, der Topfboden sollte gerade bedeckt sein. Ganz wichtig: sofort den Topfdeckel daraufsetzen!

3. Sobald die Maiskörner anfangen zu knallen und man hört, dass sie gegen den Topfdeckel springen, die Hitze reduzieren. (Die Maiskörner springen zuerst sehr schnell und dann allmählich langsamer.)

4. Wenn nichts mehr zu hören ist, den Topfdeckel abnehmen und das fertige Popcorn in eine Schüssel füllen. Je nach Geschmack Salz oder Puderzucker darüberstreuen.

GEFÜLLTE PAPRIKA

(Chile relleno) aus Mexiko

DAZU BRAUCHST DU:

3 bunte Paprika • 1 rote Zwiebel • 250 g Hackfleisch • 2 EL Öl • 1 rote Paprika Salz • Pfeffer • 1 EL TexMex-Gewürzmischung • 5 EL passierte Tomaten 2 große Tomaten • 70 g Mais (Dose) • 6 EL Frischkäse • Paprikapulver

So wird's gemacht:

1. Die drei bunten Paprika waschen, halbieren, von Samen und Scheidewänden befreien und zur Seite stellen.

2. Die Zwiebel fein hacken und zusammen mit dem Hackfleisch in Öl anbraten.

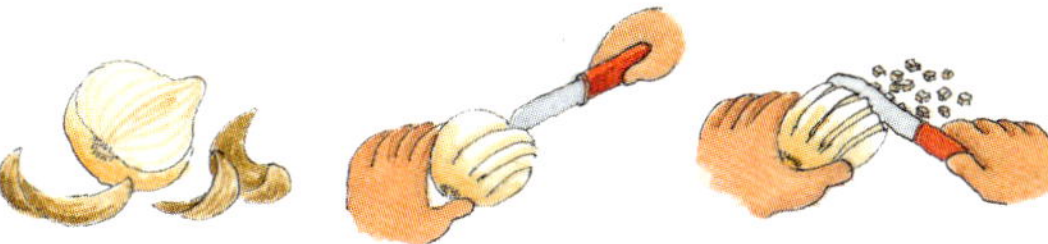

3. Die rote Paprika waschen, von Samen und Scheidewänden befreien, klein hacken und zugeben.

Salzen, pfeffern und die Würzmischung und passierten Tomaten unterrühren. Die großen Tomaten waschen, klein schneiden und zusammen mit dem abgetropften Mais zugeben.

4. Den Ofen auf 180 °C Umluft vorheizen, die halbierten Paprika mit der Füllung befüllen und auf jede Paprika 1 EL Frischkäse geben. Mit Paprikapulver bestreuen, in den heißen Ofen geben (Vorsicht, Topfhandschuhe anziehen!) und die gefüllten Paprika ca. 20 Minuten backen.

TIPP:

DAZU PASST EINE LECKERE TOMATENSOßE!

OSTERSTOLLEN

(Jamaica Bun) aus Jamaika

FÜR 1 STOLLEN BRAUCHST DU:

60 g Margarine • 60 g Butter • 450 g Mehl • 2 Eier • ½ Tasse (75 ml) Milch ½ Päckchen Backpulver • 300 g braunen Zucker • ¼ TL gemahlene Muskatnuss 125 g Korinthen • 125 g Rosinen • 125 g Trockenobst, klein geschnitten 60 g Belegkirschen • 3 EL Margarine zum Ausfetten

So wird's gemacht:

1. Den Backofen auf 180 °C vorheizen.

2. Margarine und Butter in einer großen Rührschüssel mit einem Mixer schaumig schlagen, dann das Mehl hinzugeben und gut verrühren.

3. Die Eier in eine große Tasse aufschlagen (auf Seite 10 steht, wie's geht!), sie verquirlen und unter Rühren in die große Rührschüssel geben. Dann die Milch langsam hinzugießen, bis ein weicher Teig entsteht.

4. Als Nächstes Backpulver, Zucker, Muskatnuss, Korinthen, Rosinen, das klein geschnittene Trockenobst und die Belegkirschen hineinrühren.

5. Eine 25 cm lange Kastenform mit Margarine ausfetten, den Teig hineinfüllen und glatt streichen. Für 1½ Stunden in dem heißen Backofen backen lassen, bis der Stollen goldbraun aussieht. Nun Topfhandschuhe anziehen (Vorsicht: Die Backform und die Ofentür sind ganz heiß!) und vorsichtig mit einem Holzstäbchen (zum Beispiel einem Schaschlikspieß) in die Mitte des Stollens piksen. Wenn kein Teig am Hölzchen klebt, ist der Stollen fertig. Auf einem Kuchenrost auskühlen lassen. Wer mag, siebt noch ein wenig Puderzucker darüber.

TIPP

AUF DER INSEL JAMAIKA ISST MAN DAZU HERZHAFTEN KÄSE.

SCHOKOKUGELN

(Brigadeiros) aus Brasilien

DAZU BRAUCHST DU

1 Dose gezuckerte Kondensmilch • 15 g Butter • 20 g Backkakao
40 g Zartbitterschokolade • 1 Päckchen Schokoladenstreusel
Pralinenförmchen aus Papier

So wird's gemacht:

1. Die Kondensmilch in einem kleinen Topf erhitzen.

2. Den Backkakao sieben und mit der Butter hinzugeben. Nun mit einem Schneebesen rühren und die Masse köcheln lassen, bis sie richtig dickflüssig ist.

3. Die Schokolade fein hacken und in eine große Schüssel geben. Dann gibst du die warme Kondensmilchmischung dazu und rührst kräftig, bis die Schokolade geschmolzen ist. Die Masse zum Abkühlen nun mindestens 30 Minuten in den Kühlschrank stellen.

4. Nun füllst du die Schokostreusel in einen Suppenteller.

5. Jetzt kannst du mit einem Teelöffel kleine Portionen von der Schokomasse aus dem Topf holen, sie mit den Händen zu walnussgroßen Kugeln formen und in die Schokostreusel legen. Das muss ganz schnell gehen, damit die Schokolade nicht wieder schmilzt.

6. Die Kugeln wendest du dann ein paar Mal in den Schokostreuseln und legst sie in die Pralinenförmchen. Bewahre sie im Kühlschrank auf, damit sie wieder richtig fest werden.

TIPP

DIE BRIGADEIROS SIND AUCH EIN TOLLES SELBST GEMACHTES GESCHENK FÜR KLEINE UND GROßE NASCHKATZEN.

REGISTER

M

N

O

P

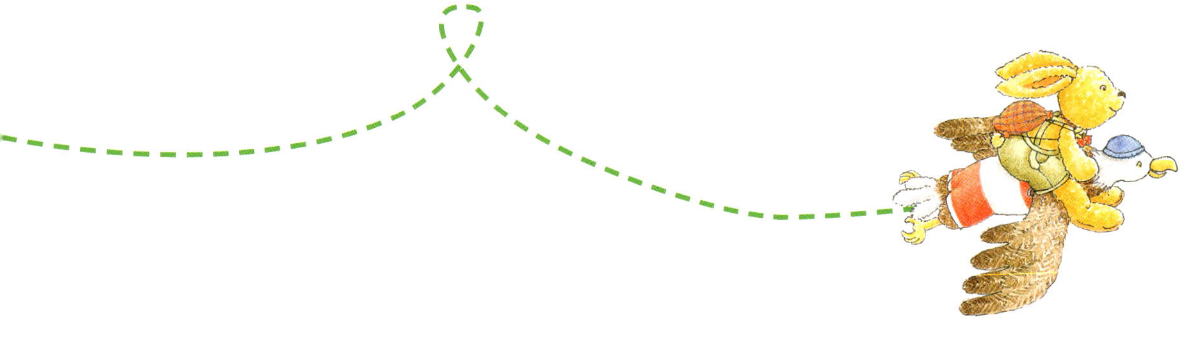

Q

R

S

W

WIE DIESES BUCH ENTSTANDEN IST?

Stell dir vor, vieles, über das ich schreibe, habe ich gar nicht erfunden, sondern es ist so oder so ähnlich passiert. Viele der Rezepte stammen von Freunden aus aller Welt.

Darum gilt mein Dank:

Adriana aus Mexiko

Ahlam, die im Herzen Syrierin und im Kopf Deutsche ist.

Tante Audrey aus Amerika,

Belinda aus Australien.

Bruno, der mir von der Tradition um den französischen Dreikönigskuchen berichtet und Claudie, die mir das Rezept verraten hat.

Carla aus England,

Denise, ohne die hier nichts über die Brigadeiros stehen würde,

Dorine und Veerle aus Holland,

Gunia & Rajlakshmi, die während ihres Besuches für mich ein köstliches indisches Essen gekocht haben.

Lesley aus Kanada – deren Sommerpartys mitten im Winter bei eisigen -25°C unvergessen sind.

Nicht zu vergessen sind Machiko aus Japan,

Mona, die wirklich Oma und Opa an der Elfenbeinküste besucht hat,

Monika aus Polen und

Nursel und Ramazan aus der Türkei.

Olga und Amelie aus der Ukraine,

die große und kleine Georgia sowie der unvergessene Opa Saki aus Griechenland,

Sister Solo aus Jamaika und

Sonia aus Spanien,

Sonja aus Bayern.

Ein „merci vielmals“ geht an Stefan & Sylvia aus der Schweiz.

Zu guter Letzt noch ein ganz dickes DANKE-SCHÖN an die weltbesten Mütter, die beim Nachkochen mitgeholfen und die Rezepte aus aller Welt mit Genuss gegessen haben!

AL

Alle Informationen und Rezepte in diesem Buch wurden sorgfältig geprüft. Dennoch können weder die Urheberinnen noch der Verlag für eventuell entstehende Schäden haften.

5 4 3 2 28 27 26 25
978-3-7567-1040-9
Fotos: Vanessa Jansen, Shutterstock (S. 17, 32, 36, 46, 55, 63, 68, 97)
Texte und Rezepte: Annette Langen
Illustrationen: Constanza Droop
Layout und Satz: Nakischa Scheibe
Litho: FSM Premedia, Münster

www.hoelker-verlag.de

Für mehr Rezepte, Inspirationen und Einblicke aus dem Verlag folgen Sie auch unserem Instagram-Kanal @hoelkerverlag.